A máquina performática

entre[críticas

FRUTOS ESTRANHOS
Sobre a inespecificidade na estética contemporânea
Florencia Garramuño

POESIA E ESCOLHAS AFETIVAS
Edição e escrita na poesia contemporânea
Luciana di Leone

DEPOIS DA FOTOGRAFIA
Uma literatura fora de si
Natalia Brizuela

LITERATURA E ÉTICA
Da forma para a força
Diana Klinger

FORMAS COMUNS
Animalidade, literatura, biopolítica
Gabriel Giorgi

A MÁQUINA PERFORMÁTICA
A literatura no campo experimental
Gonzalo Aguilar e Mario Cámara

Gonzalo Aguilar e Mario Cámara

A máquina performática
a literatura no campo experimental

Tradução de Gênese Andrade

Rocco

Título original
LA MÁQUINA PERFORMÁTICA:
La literatura en el campo experimental

Copyright © *by* Gonzalo Aguilar e Mario Cámara

Coordenação *Coleção Entrecríticas* © Paloma Vidal

Direitos para a língua portuguesa reservados
com exclusividade para o Brasil à
EDITORA ROCCO LTDA.
Av. Presidente Wilson, 231 – 8º andar
20030-021 – Rio de Janeiro – RJ
Tel.: (21) 3525-2000 – Fax: (21) 3525-2001
rocco@rocco.com.br
www.rocco.com.br

Printed in Brazil/Impresso no Brasil

preparação de originais
JULIA WÄHMANN
PEDRO KARP VASQUEZ

CIP-Brasil. Catalogação na fonte.
Sindicato Nacional dos Editores de Livros, RJ.

A235m Aguilar, Gonzalo
A máquina performática: a literatura no campo experimental/
Gonzalo Aguilar, Mario Cámara; tradução de Gênese Andrade. –
1ª ed. – Rio de Janeiro: Rocco, 2017.
(Entrecríticas)

Tradução de: La máquina performática: la literatura en el campo
experimental.
ISBN 978-85-325-3046-2 (brochura)
ISBN 978-85-8122-671-2 (e-book)

1. Arte – Século XX. 2. Desempenho (Arte). 3. Literatura – História
e crítica. I. Cámara, Mario. II. Andrade, Gênese. III. Título. IV. Série.

16-35954

CDD–701
CDU–7.01

Sumário

Introdução 7

1. Nudez sem vergonha 27
2. Mapas acústicos, constelações sonoras 59
3. Espaços: táticas de ocupação 105
4. A máscara e a pose 139

Bibliografia 180

Sobre os autores 191

Introdução

Onde vai parar tudo o que a letra escrita não pode conservar? O que acontece com o que ficou fora do livro, mas o acompanhou em algum momento? Que incidência tem na literatura o que se desvanece no tempo e que só podemos evocar de maneira aproximativa por meio de arquivos e documentos? Que sentido se pode atribuir a esses signos *desprezados*, fotografias, formas de entonação, modos de vestir, grafias, que, mesmo flutuando diante de nossos olhos, parecem mudos e invisíveis? Escrevemos *A máquina performática – A literatura no campo experimental* para responder a essas perguntas.

A arte performática foi definida por ser não repetível, por ser situada e por ter o corpo como protagonista. "Geralmente", escreve Diana Taylor, uma das maiores especialistas no tema, "a arte da performance se centra radicalmente no corpo do artista" (2012, p. 62). Para pensar a performance da literatura, realizamos uma operação dupla: indicamos as forças históricas e institucionais que definem propriedades (neste caso, da literatura) e trabalhamos com os signos para além de seu pertencimento a qualquer campo específico (arte, literatura, cinema, política, história...).

As divisões institucionais continuam vigorando, separam signos e dividem práticas que frequentemente se cruzam, se sobrepõem ou se fundem. Desse modo, as instituições da arte e da literatura continuam opinando sobre a natureza e os limites do literário e do artístico. E ainda o literário é submetido a um processo de repressão, cujo objetivo é privilegiar a letra escrita. De fato, a arte performática foi objeto, nos últimos anos, de um trabalho de institucionalização que, por um lado, deu visibilidade a ela como uma prática específica e, por outro, a separou de outras dimensões que não se autodefinem como tais. Diante dessa divisão institucional (que se infiltra na própria produção e no modo como os escritores e artistas atuam), propomos inscrever nossas capturas no que vamos chamar de *campo experimental*, um espaço que põe os signos em relação, sem distinção do domínio ao qual pertencem.

A dimensão performática da literatura possui uma série de efeitos que nos interessa explicitar. Os textos, romances, contos, poemas não serão considerados isoladamente, farão parte de uma máquina, a *máquina performática*, na qual irão adquirindo novas significações. Interessa-nos fazer ver a ineficácia dos enfoques compartimentados e da separação em disciplinas com uma grande tradição histórica (literatura, artes plásticas, cinema) que impedem que se pense o *campo experimental*. Isso posto, ao mesmo tempo em que se analisa essa articulação (que não é uma soma dos diferentes saberes, nem uma apelação ao interartístico, e sim um campo indeterminado de signos que provocam novas sensibilidades), se põe a ênfase no "literário" como ponto de partida. As divisões são acentuadas porque elas continuam tendo validade institucional, econômica, social, receptiva: visita-se uma exposição de arte, lê-se um romance, assiste-se a um filme. A instituição continua estabelecendo modos de produção, circulação ou recepção. Nós nos propomos a dissolver a limitação perceptiva e de experiências que essa divisão supõe. Em vez de observar os procedimentos textuais ou as descrições sociológicas, nos detemos em aspectos que a crítica considerou marginais ou simplesmente acessórios. De que modo os *corpos* atuam na literatura? Como é o *espaço material* em que esses textos ou discursos ocorrem? Quais são as inflexões da *voz*? Como um escritor se apresenta em público e como – e até que ponto – gere sua própria imagem? Em última instância, interessa-nos pensar os *signos* que a dimensão performática do literário nos traz.

Na máquina performática, qualquer coisa pode se transformar em signo. Um gesto, um tom de voz, um corpo que se exibe, até um perfume, como Gilles Deleuze defende em *Proust e os signos*: "Tudo que nos ensina alguma coisa emite signos, todo ato de aprender é uma interpretação de signos ou de hieróglifos" (2003, p. 4). O chapéu que Flávio de Carvalho não tira durante uma procissão de Corpus Christi é, claramente, um signo; o pó de arroz com que Mário de Andrade encobria seu aspecto mulato é um signo; bem como as fotos que Clarice Lispector envia da Europa são signos. Essa máquina faz perceber que as engrenagens estão encaixadas de um modo complexo, que as combina, articula, pressupõe e expande: o manifesto vanguardista supõe o salão, o bar, o jornal, o teatro, assim como o sermão supõe o púlpito, a praça, a igreja. Isto é, um *espaço* que não é neutro, mas se transforma por meio dessas práticas: regimes de visibilidade, legibilidade e poder tanto materiais quanto simbólicos. Esses *corpos* não são alheios ao discurso, interagem com ele: diante das estratégias de institucionalização e estratificação, os corpos têm suas táticas de ocupação, subversão e ressignificação. "O corpo", afirma Michel Feher, "não é um lugar de resistência diante de um poder que existe fora dele; dentro do corpo, ocorre uma tensão constante entre os mecanismos de poder e as técnicas de resistência" (apud JONES, 2006, p. 22). O mesmo ocorre com as *vozes*, aspecto sonoro ao qual a crítica literária não deu atenção em sua obsessão pelos textos e pela escrita. Os textos também falam, gritam ou murmuram. Dimensão em princípio suplementar,[1] mas que por isso mesmo pode desempenhar um papel configurador na leitura.

A máquina performática é um dispositivo de aplanamento. Como ponto de partida, aplana a preeminência da textualidade, dos gêneros e das historicidades, originando-se na premissa de que nenhum signo é mais importante do que outro. O *campo experimental*, resultado da máquina performática, constitui-se como conclusão de uma série de operações: abrir o texto a uma multiplicidade de conexões e construir uma sequência que recupere signos ínfimos e despercebidos. No campo experimental, o que está em crise é a hegemonia textual como única fonte de autoridade, mas não a textualidade em si mesma. Nele os signos ingressam em uma constelação que os despoja de suas marcas originais e permite construir novos sentidos transversais.

Um problema metodológico fundamental é como construir um objeto com os materiais da performance, que se caracterizam pela efemeridade. A performance transcorre no tempo presente e seu registro é sempre pálido em relação ao aqui e agora que propõe. Se, como afirmam Gilles Deleuze e Félix Guattari, "a sensação que se conserva é o critério da arte", o que fica da performance? "A arte – sempre segundo Deleuze e Guattari – conserva a hecceidade em sua singularidade espaço-temporal mais intensa: esses são seus méritos e sua potência" (1995, pp. 156-157).[2] Mas o que acontece então quando o próprio ato resiste à sua conservação e reprodução, diversamente do que ocorre com um texto escrito, uma gravação musical, uma escultura ou um quadro, entre muitos outros exemplos? A performance é *o outro* da conservação. Como escreve Peggy Phelan, trata-se de uma "representação sem reprodução", ou seja, um ato que se realiza apenas uma vez e em um momento determinado. O que fica não é o ato em si, mas "seu *registro*", e às vezes nem sequer isso (TAYLOR; FUENTES,

2011, p. 93). Sendo assim, não se trata de reapresentá-la ou restaurá-la, e sim de atribuir-lhe significações, sempre tateantes: cercar esse vazio que constitui o que ocorreu uma vez e não voltará a acontecer. Ao aplicar a noção de performance para além da divisão institucional e do gênero estável em que se transformou (isto é, como "arte da performance"), nossa intenção é abordar essa dimensão abandonada (nem sequer negada) da performance na literatura. Isso supõe uma dificuldade porque o crítico literário é treinado para lidar com textos, é educado para lançar-se sobre a escrita e é frequentemente indiferente ou cego às práticas. A ideia é convocar a performance para mostrar que sua presença transforma as leituras possíveis de uma obra. Não é algo acessório ou ornamental, são as atualizações, as singularidades espaço-temporais que toda publicação evoca, mesmo que seja como ausência ou vazio.

A máquina performática não é uma história da performance no Brasil (como poderíamos não incluir Denise Stoklos ou Renato Cohen?[3]), e sim uma abordagem de aspectos performáticos da literatura, que opta por privilegiar certos momentos de *intensidade* performática em diferentes momentos históricos, nos quais foram ou são disputados aspectos relacionados ao corpo, ao espaço público, à tecnologia e ao mercado. O livro está dividido em quatro partes: o uso dos corpos ("Nudez sem vergonha"), das vozes ("Mapas acústicos, constelações sonoras"), dos espaços ("Espaços: táticas de ocupação") e das figuras do escritor ("A máscara e a pose"). Cada uma focaliza diferentes aspectos, mas todas são permeadas pelo mesmo impulso: falar sobre o que parece suplementar e que é efêmero para considerá-lo medular na produção de sentidos.

Nudez sem vergonha

Modificamos levemente a pergunta de Spinoza – o que pode um corpo? – para formular a seguinte: o que *um* corpo pode fazer *no* corpo? Enquanto *o* corpo é uma rede simbólica, *um* corpo é uma disposição da matéria, uma encarnação, uma presença física. Neste capítulo, encaramos a visualidade dos corpos e sua produção de subjetividade a partir das noções de nudez e vergonha.

O dispositivo da nudez é histórico, embora ao mesmo tempo teste as formas do humano. Na cultura ocidental, aparece vinculado à própria origem do homem e daquilo que o insere na história: a queda e o pecado. Adão e Eva se cobrem quando sentem vergonha por estar nus e perdem sua condição paradisíaca. A partir daí, *vergonha* e *nudez* fazem parte de um mesmo problema e não é casual que o termo "vergonhas" seja utilizado também para se referir às partes pudendas.

A vergonha equivale ao reconhecimento dos próprios limites, de deixar ver ou mostrar o que não se pode mostrar. Giorgio Agamben define a vergonha como um "duplo movimento, ao mesmo tempo de subjetivação [porque o ser descobre a si mesmo em uma falta] e dessubjetivação [porque se perde como sujeito]" (2000, p. 110). Porém, quando os primeiros portugueses se deparam com os índios, descobrem que essa lógica é ignorada por eles: sua subjetividade não se dobra sobre a culpa (cuja expressão seria a vergonha). Os índios, justamente, *não têm vergonha de mostrar suas vergonhas*. Não têm culpa; não têm pecado? Por isso, Oswald de Andrade imagina a cena paradisíaca no tempo dos índios e a retira da tradição ocidental para transformá-la em seu exterior, em seu limite, em seu Outro. A partir daí, uma tradição de nudez percorre a cultura brasileira, que terá seus adeptos pornô-antropofágicos e também seus críticos impiedosos, como Nelson Rodrigues. Com o ato de Antonio Manuel, que se exibiu sem outro artifício além de seu próprio corpo nu enquanto obra, mostramos o potente grau zero da performance no Brasil.

Mapas acústicos, constelações sonoras

Se *um* corpo é fundamental na ordem da visibilidade e da experiência do espaço, nunca se encontra separado de uma constelação sonora que existe desde as origens da literatura. De fato, todo poema tem o que Don Geiger denomina uma "estrutura de sons",[4] que contribui para uma interpretação oral como se fosse uma partitura: acentos, regularidades, rimas, aliterações, métrica. Porém, neste capítulo, mais do que a estrutura imanente, interessam-nos as tonalidades e inflexões que intervêm nos textos e vocalizações, os modificam ou os desviam e os dotam de novas significações. Os sermões do padre Antônio Vieira dependiam fundamentalmente dos efeitos sonoros que sua recitação tinha diante de uma grei de crentes: entretanto, ainda que possamos observar sua astúcia retórica, é impossível reconstruir seus tons. Frei Diego Valadés, em *Retórica cristã*, de 1579, observa que

> Assim pois, o primeiro preceito da boa declamação é que a voz seja sempre harmoniosa e temperada. Mas são muitas as qualidades da voz: rouca, plena, fina, doce,

áspera, restrita, livre, dura, flexível, clara, surda. Porém, a mais excelente de todas é a voz clara (VALADÉS, 1989, p. 371).[5]

Onze qualidades que podem sobrepor-se ou alternar-se, contudo, mantendo sempre a clareza como virtude máxima. Na oratória que, do púlpito, se dirige aos fiéis, é fundamental que a mensagem chegue claramente. Essa tradição oratória da grandiloquência chega pelo menos até Rui Barbosa e foi posta em questão pelas vanguardas: no "Manifesto Antropófago" (2011, pp. 67-74), Oswald de Andrade debochou dos "maus catequistas" e da "lábia" de Vieira. Entretanto, houve também outras formas de questionamento: sobretudo as inúmeras vocalizações barulhentas que provocavam curtos-circuitos na clareza. O grito, o farfalho, o balbucio, o sussurro, as onomatopeias: toda uma série de estratégias do inarticulado que tenderam a questionar uma cultura da linguagem transparente e transmissível. Não é diferente o que fazem as performances teatrais de João Gilberto Noll ou a escrita de Sousândrade, João Guimarães Rosa ou Haroldo de Campos.

Paul Zumthor estabelece uma distinção entre a leitura em voz alta que o poeta faz de seu livro, em que a autoridade provém do livro, e a recitação ou a improvisação, nas quais é a voz que confere autoridade (2001, p. 19). De modos opostos, tanto os poetas concretos quanto os do grupo Nuvem Cigana escolheram prescindir da leitura, para que a voz deixasse de ter o caráter vicário da palavra escrita. Os concretos, durante sua fase mais ortodoxa, encenaram o que poderíamos definir como um cruzamento entre uma acústica apolínea e uma hiância sonora, ou seja, entre uma voz *rigorosa* e uma voz *rugosa*, ou entre a série e suas incrustações aleatórias. Algum tempo depois, e graças aos avanços tecnológicos, Augusto de Campos pôde realizar, com o show *Poesia é risco*, acompanhado por Cid Campos, uma performance de seus poemas que é também visual, corporal e sonora. As "Artimanhas" do grupo Nuvem Cigana, em compensação, conduzem-nos a um cenário em que voz e corpo se emaranham para liberar pulsões dionisíacas e construir ou estimular estados de fusão. A festa – as "Artimanhas" enquanto festejo – como cerimônia "pagã" e a alegria como estado poético construíram uma tradição no Rio de Janeiro, a tal ponto que, anos mais tarde, com a iniciativa do já experiente Chacal e do jovem Guilherme Zarvos, surgiu um novo espaço (o Centro de Experimentação Poética ou CEP 20.000) para que a poesia continuasse sendo dotada de voz. Não se trata, em nenhum dos dois casos, de meras extensões das estruturas sonoras do poema, e sim de bombardeios dissonantes sobre os textos que criam novas constelações.

Espaços: táticas de ocupação

Uma cultura pode definir-se pela distribuição dos espaços. O uso artístico ou cultural que se faz deles já implica uma ação política que tem como fim conservar, reforçar, subverter, modificar ou suprimir. A modernidade que frequentemente é definida por sua temporalidade é também um modo de conceber e traçar o espaço, um espaço no qual se entrelaçam o material e o simbólico. Para dar conta desse espaço que não pode definir-se somente em termos quantitativos, Henri Lefebvre criou o conceito de *l'espace vécu*, Michel Foucault o de *heterotopia* e Edward Soja o de *terceiro espaço*.

Segundo Foucault, "a heterotopia é capaz de sobrepor em um único lugar real diversos espaços, diversos locais que são em si mesmos incompatíveis" (2010, p. 25). E acrescentou: "Eu sonho com uma ciência – veja bem, uma *ciência* – que teria por objeto esses espaços diferentes [...] a heterotopologia [...] não há uma sociedade que não constitua sua heterotopia ou suas heterotopias" (ibidem, p. 22). Soja vai em uma direção semelhante com seu conceito de *terceiro espaço*, inspirado nos trabalhos de Lefebvre:

> Tudo vem junto em *Thirdspace*: subjetividade e objetividade, o abstrato e o concreto, o real e o imaginado, o conhecimento e o inimaginável, o repetitivo e o diferencial, a estrutura e o agenciamento, a mente e o corpo, a consciência e o inconsciente, o disciplinado e a transdisciplinaridade, a vida de cada dia e a história sem fim.[6]

Enquanto espaços materiais e simbólicos, objetivos e subjetivos, cognoscíveis e inimagináveis, os espaços sempre são um lugar de disputa que possui regimes e *dispositivos de visibilidade, dizibilidade e ocupação*. A menos que os lugares designados sejam reproduzidos, ocupar um espaço não é só estar nele, mas sim dotá-lo de uma nova potência simbólica e material. Foi o que ocorreu, por exemplo, quando os portugueses chegaram pela primeira vez às terras do Brasil. Embora nunca tivessem estado ali e ignorassem suas formas, rapidamente realizaram uma missa com sua distribuição de posturas, falas, escutas e olhares. Na "Carta de Pero Vaz de Caminha", assistimos à primeira missa, à colocação da cruz e dos diferentes atores históricos e a uma prática que rapidamente hierarquiza e estratifica o espaço. Depois, a carta realiza um percurso atlântico até chegar às mãos do rei, estabelecendo um dispositivo de longa duração entre espaço, lugar de enunciação e escrita (o que Ángel Rama, em seu famoso livro, denominou "cidade letrada" [1984]).

O que os portugueses fundaram ao chegar ao Brasil foi um estado de coisas que definimos como uma estratégia de apropriação à qual passaram a opor-se diversas performances nas quais detectamos táticas de ocupação: das *experiências* de Flávio de Carvalho às intervenções de Lygia Pape, Rubens Gerchman e Waly Salomão, dos mapas de alguns clássicos como Gilberto Freyre ou Euclides da Cunha aos saraus da periferia da literatura marginal. Nesses casos, a heterotopia não é imaginária, é praticada, provocada a partir de uma intervenção no espaço.

A máscara e a pose

No quarto capítulo, nos detemos nos aspectos performáticos da figura do escritor. Nos últimos anos, o crescimento do mercado e os meios de comunicação de massa e digitais geraram um novo cenário para o autor. Desde que existe um campo literário moderno, e mesmo antes, a construção dessa figura passa não só por suas obras, mas também por sua pose, sua vestimenta, seu modo de se movimentar. Há, frequentemente, operações deliberadas na construção de sua figura, da qual podem participar um grupo, as editoras, o Estado ou o próprio escritor. Entretanto, essas operações não ocorrem no vazio, e sim interagem com condições de visibilidade e discursividade determinadas. Encontramos aí contradições e negociações que, nos últimos tempos, se dissolveram basicamente no mercado e nas políticas culturais públicas. Que efeitos têm, nesse sentido, a realização das feiras literárias, a presença de "delegações nacionais", a gestão cultural, seja do Estado, seja do mercado?

Para responder a essa pergunta, utilizamos os conceitos de pose e máscara, inspirados nos trabalhos de Sylvia Molloy e Antonio Candido, entendendo a primeira como vinculada a toda gestualidade pública e a segunda englobando a produção escrita e discursiva de um escritor. Um autor não se veste de uma maneira ou de outra para corroborar sua poética, mas seu aspecto físico acompanha e, mais de uma vez, ressignifica sua obra. O Mário de Andrade de Lasar Segall (1927), desdenhoso, cosmopolita e algo dândi, não é o de Candido Portinari (1935), monumental, territorial e nostálgico. Na construção das figuras de escritor, as atitudes do corpo importam. Não há nada deliberado na magreza de Carlos Drummond de Andrade ou na gordura de Oswald de Andrade ou nos coloridos, mas clássicos, óculos de Luiz Ruffato, porém todos constroem sentido. Como se fossem atores de uma *biopic* imaginária sobre si mesmos, insistem em um determinado modo de vestir, em um modo de falar, até criam um personagem. É a visibilidade da vida literária na qual Torquato Neto se apresenta como um vampiro, conjugando em seu próprio corpo o cinema dos filmes B, a boemia, a violência ou o romantismo da resistência. As fotos de Ana Cristina César de óculos ou quase nua, que desempenham um papel tão importante no que Luciana Di Leone chama "tramas da consagração" (2008, pp. 42-45). Ou, por ausência, Dalton Trevisan, outro vampiro, mas que não se exibe, fica escondido, não se deixa fotografar e que poucos conhecem. A performance de Dalton Trevisan como autor é sua ausência, com uma persistência que a transforma em lenda.

A vida literária encarada não a partir da noção de campo, mas da noção de performance deixa ver uma dinâmica em que pose e máscara são constantemente negociadas.

Vestimenta, corte de cabelo, romance, foto de orelha, poesia, blog ou post de Facebook contribuem para que se leia um texto de uma ou de outra maneira. Em seu limite, a vida literária parece manter uma curva para quando máscaras e poses se trincam: a ira com a qual o escritor "constrói" sua sinceridade. Esta última nos interessa particularmente porque é o momento em que a performance chega à sua indizibilidade: é uma estratégia ou um desenfreamento? Ou é a estratégia do desenfreamento? Ou é um dispositivo para provocar as reações automáticas e portanto naturalizadas do outro? Finalmente, o que acontece com a pose e a máscara quando a ira irrompe? Poderíamos ter recorrido a outros pecados, mas a ira tem o atrativo de criar uma instabilidade em relação aos sujeitos e às suas práticas que outras paixões não provocam.

As páginas que seguem devem ser lidas como uma tentativa de mapa, incompleto, dos materiais evanescentes e com frequência inviáveis que acompanham a palavra escrita. A forma deste ensaio é voluntariamente fragmentária porque assim foram essas presenças. Uma estrutura constelar ou inacabada que tentamos capturar nos corpos, nas vozes, nos espaços, nas máscaras e nas poses. Com sua consistência fantasmática, são convocados e ensamblados na máquina performática para funcionar no campo experimental da literatura.

NOTAS

1. Partimos da noção de "suplemento" tal como Jacques Derrida a define em "Este perigoso suplemento", que faz parte de *Gramatologia*, 1973.
2. Deleuze e Guattari definem, em *Mil platôs*, o conceito de hecceidade: "Existe um modo de individuação muito diferente do de uma pessoa, um sujeito, uma coisa ou uma substância. Nós reservamos para ele o nome de hecceidade. Uma estação, um inverno, um verão, uma hora, uma data têm uma individualidade perfeita e que não carece de nada, embora não se confunda com a de uma coisa ou um sujeito. São hecceidades no sentido de que nelas tudo é relação de movimento e de repouso entre moléculas ou partículas, poder de afetar e de ser afetados" (2004, p. 264).
3. Embora, como já dissemos, não se trate de um livro sobre performance, não podemos deixar de mencionar os estudiosos da performance no Brasil, como Lúcio Agra, Paula Darriba, Zé Mário e Regina Melim.
4. Ver *Sound, Sense, and Performance of Literature* (1963).
5. Agradecemos a menção a esse livro a João Adolfo Hansen.
6. SOJA, Edwards W. *Geografias pós-modernas, a reafirmação do espaço na teoria social crítica*. Rio de Janeiro: J. Zahar, 1993, pp. 56-57.

1. Nudez sem vergonha

Em 13 de fevereiro de 1982, um grupo de poetas e artistas se despiu e realizou uma passeata em plena luz do dia, na praia de Ipanema. Era o Movimento de Arte Pornô! Houve leituras de poemas, canções, entrega do prêmio Oscaralho e um mergulho no mar tal como Deus os trouxe ao mundo. A performance chamou-se *Interversão*, palavra que significa, segundo o *Novo dicionário Aurélio da Língua Portuguesa*, "alteração da ordem natural ou habitual".

O grupo vinha se apresentando ininterruptamente, com leituras e performances desde 1980, quando fez a "passeata-show" *Pelo topless literário*, realizada também em Ipanema (KAC; TRINDADE, 1984, p. 176). Com seu manifesto "Movimento de Arte Pornô (manifesto feito nas coxas)" e o lema "Arte é penetração e gozo", os pornopoetas propunham-se a lutar contra a "Literatura Oficial", substituir uma já integrada poesia marginal e propor a "suruba literária".[1] A marca libertária era inequívoca e Cairo Assis Trindade desenhou uma bandeira com a sigla PUTA, Partido Universal dos Trabalhadores Anarquistas. Criaram poemas, desenhos, manifestos, ensaios e, sobretudo, leituras sempre referentes ao ato sexual. Recitavam enquanto simulavam um coito: como se o gozo do texto fosse atingido na conjunção entre signo e Eros.

A arte pornô interveio nas políticas dos corpos: por um lado, sua celebração se opunha a uma ditadura repressiva que já durava vinte anos: "A repressão que castra nossos versos é a mesma que censura nossos corpos", escreve Leila Miccolis no "Manifesto Corpofágico".[2] Por outro, assinala o corpo como lugar político. O poder já não é algo exterior aos corpos, mas os atravessa com seus dispositivos: exibir o pênis tem efeitos no âmbito externo (o espaço público), mas também na constituição hierárquica do próprio corpo. Alice Ruiz e Paulo Leminski (que gostava de ser fotografado nu) foram incluídos na antologia do movimento e escreveram "Pornopoemas":

> nisso eu sou primário
> amor para mim

vem do caralho
p[aulo].l[eminski].

nisso eu sou careta
amor pra mim
vem da buceta
alice[3]
(1984, p. 57)

Escritos e reproduzidos à mão, a crítica ao que se chama popularmente "amor platônico" está em todos os poemas, os quais se valem de procedimentos da poesia visual (concretismo), coloquial (poesia marginal) e humorístico-satírica *à la* Oswald de Andrade. Porém, diversamente de todos eles, o que predomina é a afirmação do sexo e da vida como gozo. "Desescreviver poesia", escreveu Eduardo Kac em "Rebelde sem calça" (idem, ibidem, p. 188).

Entretanto, essa exibição do corpo nu não se produz no vazio. O dispositivo da nudez atravessa toda a história do Brasil, desde seu início, embora adquira diferentes significados ao longo do tempo. Kac propõe, no texto citado, diferentes formas do corpo:

Eu, de minha parte, neste textamento irei objetivar: muito além da pornografia e do erotismo, surge triunfante o corpo. Não o corpo massacrado da população terráquea. Não o corpo esculpido dos Mitos. Não apenas o corpo físico do poeta. Um outro corpo. Na estirpe de Sade & Duchamp: uma Body Poetry, uma Energy Writing, ou qualquer outro nome que se queira dar (ibidem, p. 190).[4]

Esse "outro corpo" de linhagem vanguardista se articula em um modo de visibilidade, dizibilidade e exibição que, com acerto, os poetas chamaram *pornô*. Os anos 1970 são os da popularização e industrialização da pornografia e se trava uma luta sexual-política que tem como campo de batalha os corpos e o prazer e o gozo que podem proporcionar. É um período-chave, porque colidem o declínio do pós-fordismo e o crescimento das indústrias do entretenimento e do lazer: o cinema em escala global, o Carnaval, a pornografia e o turismo, entre outras. A gestão política dos corpos, de seu prazer e gozo, ou da própria vida, como Michel Foucault (1976) havia visto nesses mesmos anos.

Em 1972, estreou nos Estados Unidos, nos cinemas comerciais, *Garganta profunda*, de Gerard Damiano, que gerou lucros de exploração de 600 milhões de dólares e fez a produção cinematográfica pornô explodir, passando de

30 filmes clandestinos em 1950 para 2.500 em 1970 (GUBERN, 2005, p. 13). No Brasil, é a década do nascimento da pornochanchada, gênero pornográfico e popular, que teve uma vertente *soft* (com o sucesso de bilheteria de *A dama do lotação*, de Neville D'Almeida) e também filmes mais *hard*.[5] Antes de se tornar uma indústria de exploração, o pornô dos anos 1970 teve um sentido mais libertário. Era uma verdadeira impugnação de uma moral "social, vestida e opressora" que havia dominado a vida social. Como assinala Linda Williams:

> [...] com a chegada à América do Norte da pornografia *hard-core* no início e em meados dos anos 1970, a representação explícita do ato sexual – em oposição à sua simulação – nas telas de cinema oficiais desfrutou de um estranho prestígio. Durante esse breve momento de *pornô chic*, um reduzido grupo de jornalistas liberais, diretores de cinema pornô e estrelas começaram a falar com entusiasmo sobre um futuro utópico em que os filmes pornô se tornariam filmes "de verdade" e os filmes "de verdade" teriam pornografia (sexo verdadeiro).[6]

A pornografia tinha uma aura de subcultura *cool* da qual desfrutou nos anos 1970 e esse impulso libertador foi o que o movimento pornô se propôs a potencializar. Foi uma luta no contexto de uma ditadura com o objetivo de liberar a nova visibilidade do sexo para que o corpo e o gozo não se tornassem uma mercadoria ou um tabu. Travou-se um intenso combate em torno da nudez.

Na produção do Movimento Arte Pornô, os textos frequentemente são escritos à mão e há marcas corporais (lábios que deixam uma marca de batom, por exemplo) como se escrita e corpo fossem parte de um mesmo devir.[7] O núcleo é o ato sexual em si mesmo e as posições do movimento não se apoiam nas políticas menores (bandeiras gay, de gênero, travestis), e sim em uma afirmação de gozo universal que, para além da crítica ao patriarcado e ao machismo (ver "Macho Man", de Cairo Assis Trindade), gira em torno da "trepada". Em "Brilho", também de Cairo Assis Trindade, lê-se:

> Esta noite eu tomaria todas as drogas do mundo
> beberia todos os oceanos e transaria homens e mulheres
> até morrer dilacerado de dor
>
> Esta noite eu faria qualquer coisa
> pra não sentir este vazio brochante
> e esta puta angústia velha e louca

> Esta noite eu poderia morrer sem a mínima pressa
> nem qualquer tristeza porque experimental é o paraíso
> e me contento em ter feito com o corpo o mais belo
>   [poema que a poesia almeja
> [...]
> (1984, p. 15)

No paraíso experimental que os artistas do Movimento de Arte Pornô propõem, a nudez no espaço público (as praias do Rio de Janeiro) é um dispositivo que intervém no presente – contra a repressão –, nos debates da contemporaneidade – "o uso dos prazeres", segundo a fórmula cunhada por Foucault – e também na história da nudez no Brasil, que remonta ao momento em que o primeiro português pisou em terras americanas.[8]

Genealogia da nudez

A data de *Interversão* não é casual: em 13 de fevereiro de 1982, se comemoravam 60 anos da Semana de Arte Moderna. Os ativistas do movimento de poesia pornô reconheceram nos modernistas um antecedente e, em seu questionamento da instituição literária, uma inspiração. Porém, há algo mais nesse vínculo: modernistas e pornôs tinham uma visão semelhante da nudez. Na modernidade, a nudez funcionava como um paraíso experimental. O homem nu era o tabu transformado em totem.

Erro de português

Quando o português chegou
Debaixo duma bruta chuva
Vestiu o índio
Que pena!
Fosse uma manhã de sol
O índio tinha despido
O português
(ANDRADE, 1991, p. 95)

Se fosse uma manhã de sol, teríamos tido um poema pornô.

Mas qual é o interesse das vanguardas dos anos 1920 na nudez? Por que Oswald de Andrade vinculou a primeira cena da conquista ao fato de vestir o outro? O que levou Flávio de Carvalho a escrever "A cidade do homem nu" no final dos anos 1920 e a dizer que "a cidade do homem nu será sem dúvida uma habitação própria para o homem antropofágico"?⁹

Para os conquistadores, o fato de que os nativos não sentissem vergonha de sua nudez era motivo de perplexidade. Em um dos poemas de *Pau Brasil*, da série em que Oswald reorganiza espacialmente a "Carta de Pero Vaz de Caminha", lê-se:

> **As meninas da gare**
>
> Eram três ou quatro moças bem moças e bem gentis
> Com cabelos mui pretos pelas espáduas
> E suas vergonhas tão altas e tão saradinhas
> Que de nós as muito bem olharmos
> Não tínhamos nenhuma vergonha
> (2010, p. 108)

A carta de Caminha é transcrita quase textualmente: "Ali andavam entre eles três ou quatro moças, bem moças e bem gentis, com cabelos mui pretos, compridos pelas espáduas, e suas vergonhas tão altas, tão cerradinhas e tão limpas das cabeleiras que, de as muito bem olharmos, não tínhamos nenhuma vergonha."¹⁰ Como em um *ready-made*, as intervenções do poeta se limitam ao título e à organização do texto em versos, e produzem uma instabilidade entre o que é e o que não é poesia, entre o passado e o presente, entre a criação e o plágio. A relação entre a "vergonha" como reação esperada diante da nudez e as "vergonhas" como referência aos órgãos sexuais remonta a outra cena da origem: a expulsão do paraíso. Na tradução que Haroldo de Campos fez do Gênesis, lê-se:

> 25. E estavam eles dois § desnudos §
> o homem § e sua mulher §§§
> E não § se envergonhavam
> (2004, p. 54)

A menção ao termo é pela negativa; mais adiante, fica sugerido que vão se envergonhar, ainda que não se utilize esse termo:

> 7. E se abriram § os olhos aos dois §§
> e souberam §§ que estavam desnudos §
> eles §§§
> [...]
> (idem, ibidem, p. 56)

O descobrimento da nudez é simultâneo à expulsão do paraíso: desde a queda, o ser do homem experimenta *na-*

turalmente a vergonha. Sentir vergonha diante da nudez é um traço constitutivo de nossa própria humanidade, segundo a visão bíblica. Em um de seus sermões, o padre Antônio Vieira assinala que a vergonha é, ao mesmo tempo, *sintoma* e *remédio*. Por um lado, é um efeito natural do pecado e, por outro, dota o pecador da consciência de sua falta (VIEIRA, 1908). Essa dualidade da vergonha, que indica a existência de um corte na constituição do humano, ressalta tanto um processo de objetivação (pecado, queda, expulsão do Paraíso) como de subjetivação (culpa, pudor). Mas esse processo de subjetivação através da culpa e do pecado é o que Oswald de Andrade denuncia como a conversão do animal humano em um ser dócil e fácil de dominar, manso, manipulável e obediente.

Para os conquistadores, foi sem dúvida desconcertante que os índios, sendo humanos – algo que não punham em dúvida –, não tivessem vergonha. Não havia o sintoma nem o remédio da queda. Conforme era aceito na época, a boa nova da redenção cristã havia sido levada por São Tomás a todos os cantos do mundo. O que ocorre na carta de Caminha é que a visão do índio nu *transforma* o conquistador: "Não tínhamos nenhuma vergonha", como se lê no último verso do poema de Oswald. O que ocorre então é um ato de liberação e de liberdade, um retorno à situação paradisíaca, à vida natural e antiautoritária, anterior ao pecado.

Em "Erro de português", a visão é diferente: estava chovendo, então o índio não pôde despir o conquistador e acabou sendo vestido por ele, porque foi catequizado e lhe ensinaram que deveria cobrir suas vergonhas. Já com o "Manifesto Antropófago" (2011), no "ano 374 da deglutição do Bispo Sardinha", trata-se de reverter o processo e despir o português. Para Oswald, esse processo não é uma metáfora, tem um papel histórico fundamental; é por isso que ele vincula a ideia de liberdade da Revolução Francesa ao "achado de Vespúcio" ("Sem nós a Europa não teria sequer a sua pobre declaração dos direitos do homem"). Para os europeus, a nudez do índio era a prova da parcialidade da vergonha humana, de sua emergência histórica e, portanto, de sua finitude. O encontro com o índio nu era a melhor refutação da existência de Deus.

O "homem nu" foi um tema central na Antropofagia, do *Abaporu* de Tarsila do Amaral à *A cidade do homem nu*, de Flávio de Carvalho:

> A cidade do homem nu será a metrópole da oportunidade, um centro de sublimação natural dos desejos do homem, um centro de reanimação de desejos exaustos; um grande centro de produção de vida orgânica, de seleção e distribuição desta vida em forma de energias úteis ao homem. Um grande centro de pesquisas para descobrir as coisas do universo e da vida, para conhecer a alma do homem, torná-la métrica e utilizá-la no bem-estar da cidade (1930).[11]

Na cidade do futuro, existiria uma "zona erótica". Um "imenso laboratório" para "projetar a sua energia solta em qualquer sentido, sem repressão", nas palavras de Flávio de Carvalho, no mesmo texto. O homem nu é a promessa de uma vida que, deixando de lado o homem vestido e racional, reivindica o uso dos prazeres como modo de conhecimento e de criação.[12]

Dancin' Days

Nos anos 1970, a disputa em torno dos corpos passa a ser cada vez mais importante e por isso a performance, as políticas menores, as redefinições sexuais de gênero e as estratégias da nudez dominam o cenário cultural. A guinada rumo ao *local* articula de um modo novo algumas demandas universais de longa data: a liberdade já não é somente a tradicional, política (em relação com o Estado e a autodeterminação), mas relaciona modos de vida, espaços privados em relação com o público e com opções sexuais. Algumas trajetórias definem na performance de seus corpos essas transformações, como ocorre com Fernando Gabeira: do corpo clandestino, que abandonou o espaço público para levar adiante a tomada do poder por meios violentos, a um corpo que se exibe na praia reivindicando para si o prazer e uma deliberada ambiguidade sexual. Desse modo, Gabeira pretendeu combater um núcleo comum patriarcal que as políticas repressivas e as organizações clandestinas de oposição compartilhavam. Trata-se do que ele mesmo definiu como "o crepúsculo do macho" – título de seu romance publicado em 1980.

As situações crepusculares produzem disputas de sentido. Na época das vanguardas históricas, foi o crepúsculo da tradição e o começo das mudanças tecnológicas; já na década de 1970, assistiu-se a uma redistribuição dos corpos e das políticas que marcaram um momento de inflexão. É verdade que o Tropicalismo já havia descoberto o homem nu (o texto que acompanha o primeiro disco de Gilberto

Gil começa com a afirmação "Eu sempre estive nu" e termina com a frase "A nudez é a soma de todos os corpos"), mas, nos anos 1970, as performances dos músicos no palco se tornam mais audaciosas e desafiam o decoro e as normas: o beijo de Gal Costa e Maria Bethânia no Festival Phono 73, as transgressões de Ney Matogrosso, a aparição dos Dzi Croquettes – grupo de culto da comunidade gay do Rio de Janeiro e de São Paulo – e a imagem de Caetano Veloso depois de seu retorno de Londres. Desde a capa do LP *Araçá azul*, de 1972 (Gal Costa também aparece nua na capa de *Índia*, do mesmo ano), até a de *Joia*, em que o cantor aparece desenhado nu, com sua esposa Dedé e seu filho Moreno, e dois pássaros voando cobrem seu sexo. Lançado em 1975, a capa foi censurada e só restaram... os pássaros. Em 1977, Caetano apresentou-se no programa *Os trapalhões* e interpretou "A filha da Chiquita Bacana", música carnavalesca que havia composto naquele ano, inspirado em "Chiquita Bacana", marchinha de João de Barro e Alberto Ribeiro, do Carnaval de 1949.[13] Com Renato Aragão, Mussum, Zacarias e Dedé Santana vestidos de mulheres havaianas e a menção ao Women's Liberation Front, o tema se tornou inspiração para os movimentos de liberação homossexuais.[14]

A nudez nem sempre mostra sua própria nudez, às vezes apenas sugere e frequentemente exibe o corpo não só como artefato semiótico, mas também como matéria histórica sujeita a mudanças e transformações: os modos de vesti-lo desviados ou ambíguos, sobretudo no transformismo que nesses anos se torna espetacular com Ney Matogrosso e os Dzi Croquettes, abrem uma nova linha que revoluciona os costumes e os modos de vida no Brasil dos anos 1980.

Essas lutas locais e de minorias que começam a ocorrer nesse período marcam um deslocamento da política tal como se havia experimentado nos anos 1960. Caetano diagnosticou com precisão o deslocamento das políticas maiores para as menores em sua canção "Tigresa", do disco *Bicho*:

> Enquanto os pelos dessa deusa tremem ao vento ateu
> ela me conta com certeza tudo o que viveu
> que gostava de política em mil novecentos e sessenta
> [e seis
> e hoje dança no Frenetic Dancin' Days

Fernando Gabeira, que retornava, após a anistia, de seu exílio na Suécia, sintetizou brutalmente, em *Entradas e ban-*

deiras: "Aceitavam-me como terrorista, não como homossexual" (1981, p. 99). Sua performance praieira acompanhou a recepção reticente e ao mesmo tempo positiva de seu livro *O que é isso, companheiro?*. Vestido com uma sunga cor-de-rosa, seu próprio corpo – que antes havia sido clandestino – era o índice de que algo havia mudado:

> O que se chamou narcisismo da década dos 70, nos grandes países industrializados, teve sua repercussão no Brasil. De um modo geral, foi considerada uma coisa conservadora e pronto. Minha intenção, desde o início, foi a de acentuar os aspectos revolucionários da grande onda em torno do corpo. E isto não apenas por uma certeza teórica, mas por avaliação dos benefícios que colhera, pessoalmente, ao abordar o problema do meu próprio cotidiano. Apesar do capitalismo ter descoberto nele uma nova frente de produção e lucro (GABEIRA, 1984, p. 159).

Isso posto, o uso do corpo como ferramenta liberadora é simultâneo a seu descobrimento como engrenagem mercantil da cena pós-fordista. Fernando Gabeira, a MPB, o Movimento de Arte Pornô intervêm nessa encruzilhada na qual os mal-entendidos não serão poucos, sobretudo nos casos como os da música popular, em que são tão fortes as relações com a indústria do entretenimento. Mas foi no cinema onde as lutas se revelaram mais ambíguas: são os anos dos nus (como admite Gabeira) e de um gênero erótico de muito sucesso que alguns chamaram pornochanchada.

Toda nudez não será castigada

A nudez – figurada ou material – aparece e já é uma convulsão. Nos romances de Jorge Amado, sobretudo a partir de *Gabriela, cravo e canela* (1958), a sensualidade da mulher baiana acabou substituindo a literatura de denúncia social: o abandono das posições stalinistas (que Amado havia defendido fervorosamente até a morte do líder) permitiu ao escritor relacionar-se com a cultura popular, como não havia feito antes. As posições legitimistas, próprias do comunismo, deram lugar a um olhar mais populista. Essas mulheres que eram apresentadas como um testemunho da sensualidade baiana tornaram-se carne no cinema com o corpo de Sônia Braga: Dona Flor, Gabriela e Tieta. Em outra tradição, a libertina Hilda Hilst escreveu sua tetralogia obscena: *O caderno rosa de Lori Lamby*, *Contos d'escárnio*, *Cartas de um sedutor* e *Bufólicas*. A nudez aqui se vincula à transgressão e à crítica à moral católica e burguesa. *O ca-*

derno rosa... traz ilustrações de Millôr Fernandes: a obscenidade é tão violenta que escapa do diário em primeira pessoa (típico dos romances eróticos) e se materializa em desenhos de corpos nus frequentemente em poses indecentes. Mas em nenhum romance o nu adquire tanto poder como em *Grande sertão: veredas*, de João Guimarães Rosa, em que a revelação do sexo de Diadorim *conclui* o relato de Riobaldo:

> Aqui a estória se acabou.
> Aqui, a estória acabada.
> Aqui a estória acaba.
> (2001, p. 616)

A nudez de Diadorim, seu sexo exposto, exige uma releitura do texto que o ressignifica totalmente (algo que, em sua época, incomodou Manuel Bandeira, que o considerava uma obra-prima salvo por esse detalhe: "Mas eu tive a minha decepção quando se descobriu que Diadorim era mulher. *Honni soit qui mal y pense*, eu preferia Diadorim homem até o fim" (VILAÇA, 1984, p. 124). No romance, lê-se:

> Diadorim – nu de tudo.
> (p. 615)

Embora a descrição detalhada seja elidida, o corpo de Diadorim está estendido nu sobre uma mesa ("em cima de mesa foi posto" [p. 614]). Um lençol cobre-o, descobre-o e volta a cobri-lo. Riobaldo fica "incendiável", em êxtase. As leituras idealistas de *Grande sertão: veredas* geralmente ocultaram ou desdenharam o caráter melodramático do desenlace e, sobretudo, o fato de que um de seus protagonistas é um travesti. A nudez revela o abjeto (para o olhar masculino de Riobaldo), mas o texto realiza uma abertura na qual o abjeto se dissolve em um desejo que é pré-genérico. Não – como sugerem algumas leituras – de uma androginia mítica, mas sim física e concreta: "incendiável." Como em *Morte em Veneza* (1912), de Thomas Mann, a beleza guarda também uma sedução física e erótica.

Se o nu tem um efeito interpelador na escrita, isso se torna muito mais forte quando ingressa na máquina performática: ou seja, quando efetivamente *é* um corpo nu, antes que uma figura verbal. O teatro e o cinema são feitos com corpos vivos e o caráter performativo da nudez se intensifica. Quando Nelson Rodrigues escreve "nu", alguém tem que tirar a roupa. Se, em seu teatro, apesar de sua extrema audácia, há pudor quanto à nudez (sempre fora de cena), no cinema, sua entrada tem a ver com a transformação de um regime de visibilidade.[15]

De fato, as representações e as adaptações para o cinema das obras de Nelson Rodrigues[16] implicaram uma mudança quanto à visibilidade dos corpos: de acordo com Ismail Xavier, em "Nelson Rodrigues no cinema (1952-1999): anotações de um percurso", as adaptações que foram feitas entre 1962 e 1966 marcaram "o salto que o cinema brasileiro deu no tratamento da sexualidade e do corpo [...] avanços na exposição do corpo" (2003, p. 176). No fim da década de 1960, o Tropicalismo, ao reivindicar o cafona, criou um novo ponto de vista para a obra de Nelson Rodrigues; assim, nos anos 1970, "o que havia sido conquista na representação do sexo e na presença do corpo chega, nesse momento, ao patamar da vulgarização, repetição mecânica, rentabilização do erotismo", salvo – sempre segundo Ismail Xavier – nas adaptações de Arnaldo Jabor (ibidem, p. 189). Gostaríamos de propor outra avaliação das adaptações vulgarizadoras e mercantilistas que foram feitas nos anos 1970, nas quais a nudez desempenha um papel central.

Em seu indispensável livro, Xavier assinala a fusão de Nelson Rodrigues e Oswald de Andrade que foi feita no póstropicalismo (sobretudo no cinema udigrúdi ou marginal). Entretanto, a nudez em Nelson Rodrigues tem um caráter oposto e ao mesmo tempo complementar ao que se apresenta em Oswald de Andrade. Este e a Antropofagia abordam a nudez nas origens, na época da inocência, "sem complexos, sem loucura, sem prostituições e sem penitenciárias" (2011, p. 74), antes do domínio patriarcal-burguês. Se a Antropofagia evoca o momento anterior (o matriarcado), Nelson Rodrigues situa-se nas consequências, na decomposição desse domínio e em sua decadência irreversível. Em Oswald, o nu é o retorno do primitivo, de uma promessa histórica a ser atualizada; em Nelson, do arcaico, de uma pulsão destrutiva controlada pela civilização. A nudez em Nelson sempre é culpada e sempre será castigada: não há possibilidade alguma de recuperar o paraíso. Se o homem vestido é uma pátina superficial de civilização e bom comportamento, a nudez é a expressão de um desejo destrutivo porque nunca pode subordinar-se à moral, como a norma social pretende. Como diz a canção "Pecado original", de Caetano Veloso, que integra o filme *A dama do lotação*: "A gente não sabe o lugar certo/ De colocar o desejo."

Nos anos 1970, ocorre uma guinada inesperada nas leituras fílmicas de Nelson Rodrigues: a luta corpo a corpo com o pornô *soft* tem desdobramentos dos quais o próprio dramaturgo participa. De fato, uma de suas adaptações (*Os sete gatinhos*, de Neville D'Almeida) está completa em um dos sites de pornografia mais populares do planeta (www.xvideos.com, com quase cem mil visualizações, embora seja possível que esses números estejam longe de ser verdadeiros). A condenação da nudez adquire um caráter muito mais ambíguo porque a nudez é desejada, apreciada, moeda de troca e clímax (ou orgasmo) narrativo. As cenas mais célebres e lembradas dessas adaptações são justamente as de sexo: o estupro na favela em *Bonitinha, mas ordinária* (1981), de Braz Chediak; os nus de Darlene Glória em *Toda nudez será castigada* (1973) e os de Sônia Braga em *A dama do lotação* (1978).[17] Nelson pode ter participado das adaptações por razões econômicas ou por seu fascínio pelas *stars*, mas isso não impediu que trabalhasse muito ativamente, como fez com o relato breve homônimo de *A vida como ela é* (2012) para transformá-lo em *A dama do lotação*.

O que surpreende em *A dama do lotação* é que, nas cenas em que Solange (Sônia Braga) faz amor com gente do povo (e não com os familiares), o cenário é quase paradisíaco. Assim, quando faz amor com o motorista, é em uma bela cachoeira que se observa entre os escombros da cidade, e quando o faz com alguém que conhece no ônibus (no final do filme), as ondas quebram com fúria contra as rochas, como um gozo incontrolável para além dos tabus culturais, para além do bem e do mal. Seria essa intervenção da mulher que goza sem culpa uma contribuição de Nelson? Ou seria uma leitura antropofágica de Neville, que introduz o retorno do paradisíaco?

Já no relato, a protagonista corresponde ao modelo da *femme fatale* e não tem culpa:

> Solange agarrou-se a ele, balbuciava: "Não sou culpada! Não tenho culpa!" E, de fato, havia, no mais íntimo de sua alma, uma inocência infinita. Dir-se-ia que era outra que se entregava e não ela mesma.
> [...]
> E só saiu, à tarde, para sua escapada delirante, de lotação. Regressou horas depois. Retomou o rosário, sentou-se e continuou o velório do marido vivo.
> (1993, p. 49)

Como boa *femme fatale*, Solange transforma seu marido em um morto-vivo.[18] Mas consegue sair do círculo mor-

tuário familiar para entregar seu corpo no espaço público.
Diversamente da *Belle de Jour*, de Luis Buñuel, filme com o
qual foi comparado, não recorre ao bordel e à prostituição,
e sim celebra os encontros casuais na rua e no transporte
público. *A dama do lotação* não limpa, como se disse, a pornochanchada, e sim é uma *metapornochanchada*.[19] Não se
faz pornochanchada para ganhar dinheiro com o corpo
como mercadoria, e sim porque o gozo mudou. Pois o que
é a personagem de Solange senão um fantasma de promessa sexual que percorre as ruas do Rio de Janeiro, uma cidade
convulsionada por uma nova economia dos corpos, da nudez e dos vínculos eróticos? O sexo casual está no ar e não
se faz por dinheiro.

Nu descendo a escada

Em 1970, Antonio Manuel decidiu apresentar a si mesmo
como obra de arte no 19º Salão Nacional de Arte Moderna.
A obra foi inscrita com o título *O corpo é a obra* e foi recu-
sada pelo júri. Em protesto, o artista apareceu andando nu
diante do público no dia da inauguração, provocando um
escândalo generalizado. Dessa maneira, *O corpo é a obra* sin-

tetizava linhas de força da cultura brasileira e as lançava contra a ditadura militar.

Não só a instituição artística reagiu, mas também a policial, e Antonio Manuel teve que permanecer escondido durante duas semanas, com medo de ser preso. O Museu de Arte Moderna do Rio de Janeiro proibiu-o de participar da mostra oficial durante dois anos. Segundo Mário Pedrosa, em uma carta que escreveu ao artista: "Ao não se ater às regras, o senhor deu a entender que a vida é mais importante que as regras." E a denominou "arte do despojamento, tipicamente antiacadêmica" (apud MORAIS, 2010, p. 124). Posteriormente, o artista incorporou essa performance em várias de suas obras e, em uma delas, cobriu seu órgão sexual com a palavra "corpobra", *portmanteau* de corpo e obra, ideograma de toda performance.

A nudez teve um sentido antirrepressivo que se manteve durante toda a década e que desencadeou um duplo valor: questionar a instituição arte e o governo militar, revelando, ao mesmo tempo, as relações nem sempre admitidas entre ambos. Despir-se era testar os dispositivos do poder. O nu descendo a escada de Antonio Manuel é o *grau zero* da performance: apenas um corpo, nada mais que um corpo. Qual é o escândalo? O fato de se apresentar como obra de arte ou o fato de não aceitar as regras? O fato de sua obra não ser resultado de um trabalho ou o fato de que não é permitida a nudez no espaço público? Se Mário Pedrosa se comoveu com o ato e escreveu ao artista foi porque este apresentou com os mínimos elementos possíveis os conceitos que o crítico havia utilizado para ativar a arte da década de 1960: o início da era pós-moderna, o corpo do artista como "máquina sensorial" e a arte como "exercício experimental da liberdade" (1998, pp. 355-366).

NOTAS

1. Assinam o manifesto e participam do coletivo: Cairo Assis Trindade, Leila Miccolis, Ota, Teresa Jardim, Claufe, Glauco Mattoso, Ulisses Tavares, Sandra Terra, Bráulio Tavares, PX Silveira, Tanussi Cardoso, Reca Poletti, Antônio Carlos Lucena/ Touchê, Franklin Jorge, Cecília, Aclyse de Mattos, Paulo Veras, Denise Henrique Assis Trindade, Alberto Harrigan, Hudinilson Jr., Manoi Melo, Flávio Nascimento, Cynthia Dorneles, Eduardo Kac. Segundo Kac, "A poesia marginal havia esgotado seu poder contestatório" (ibidem, p. 188).
2. O título faz um jogo com o "Manifesto *coprofágico*" de Glauco Mattoso. O texto está datado em "Olinda, 15.2.1981" (KAC; TRINDADE, ibidem).
3. As citações dos textos de arte pornô foram tomadas de Kac; Trindade, 1984.

4. Sobre a tradição brasileira, Kac escreve em seu poema em prosa "Narcise Style and Anarchy": "me invento de fundir estas esparsas proposições de décadas precedentes (a saia do novo traje masculino de Flávio de Carvalho (anos 50) mais o batom (anos 60) mais a pulseira punk (anos 70) e caminho pelas ruas como um cidadão qualquer. ou melhor. como um cidadão comum que em verdade sou" (idem, ibidem, p. 170).

5. Embora a denominação "pornochanchada" tenha sido rejeitada, pode-se afirmar que a produção de filmes com nus e cenas de sexo (implícito ou explícito) se multiplicou na década de 1970: *A árvore dos sexos* (1977), de Sílvio de Abreu; *Bem-dotado – O homem de Itu* (1979), de José Miziara, e *As cangaceiras eróticas* (1974), de Roberto Mauro, são alguns dos vários títulos, quase todos realizados pela produtora Boca do Lixo.

6. Ver "El acto sexual en el cine". Disponível em: http://www.lafuga.cl/el-acto-sexual-en-el-cine/266.

7. Era um tópico forte na produção teórica da época, desde as leituras de gênero até os ensaios de Roland Barthes (*Le Plaisir du texte* é de 1973) e, alguns anos antes, *Escrito sobre un cuerpo*, de Severo Sarduy, de 1969.

8. Depois de sua participação no movimento pornô, Eduardo Kac desenvolveu uma linha de pesquisa artística que o levou primeiro ao holograma e depois à intervenção científico-biológica e às obras de arte transgênica, como *GFP Bunny* (2000). Desse modo, em uma deriva inesperada, mas lógica em relação às transformações políticas, Kac se centrou no caráter performativo da ciência e no papel dos laboratórios na modificação dos corpos vivos. A corporalidade paradisíaca foi substituída pelos dispositivos científico-artísticos na definição dos corpos. Ver BURBANO, 2010.

9. Em *O Homem do Povo*, jornal que dirigiu com Pagu em 1931, Oswald publicou como folhetim (no rodapé que era destinado a esse tipo de

textos), os relatos de viagem *No paiz da gente nua*, de Louis-Charles Royer (no jornal, aparece com a assinatura "p. L. Royer"), publicados originalmente em 1929. Royer foi um autor de *pulp fiction* que narrou nessa obra sua visita a um campo de nudismo alemão e celebrou "a mais perfeita saúde, os bons costumes e a nudez" do campo de nudismo, como diz o escritor mexicano Salvador Novo em uma resenha que dedicou ao livro (ver "Un reportazgo interesante", 1996). Royer considera os nudistas seres puros e em estado paradisíaco, visão que provavelmente levou Oswald a publicar esse texto de qualidade duvidosa.

10. "A Carta de Pero Vaz de Caminha". Disponível em: http://objdigital.bn.br/Acervo_Digital/Livros_eletronicos/carta.pdf.

11. Este fragmento foi extraído de http://urbania4.org/2012/03/03/a-cidade-do-homem-nu/ (acesso: 06/04/2016).

12. "Talvez seja inocência minha, mas por favor me respondam: qual é a diferença entre o corpo nu de um índio e o corpo nu de um homem branco?", escreveu Clarice Lispector em uma de suas crônicas a propósito do filme *Como era gostoso o meu francês*, de Nelson Pereira dos Santos. A crônica inteira é uma reflexão sobre o homem nu (LISPECTOR, 1999, pp. 382-384).

13. A canção, por sua vez, se inspira na empresa bananeira de origem norte-americana Chiquita Brands International. A marca Chiquita foi registrada em 1947. Chamada originalmente United Fruit Company, inspirou diversos escritores, desde Miguel Ángel Astúrias e Pablo Neruda até Gabriel García Márquez, tornando-se símbolo do que se passou a chamar "países bananeiros".

14. Desde 1973, se realiza, durante a procissão do Círio de Nazaré – uma das maiores romarias católicas do Brasil –, a Festa da Chiquita, o mais tradicional encontro gay da Amazônia. Ver o documentário *As filhas de Chiquita*, de Priscilla Brasil, disponível em: https://www.youtube.com/watch?v=7Cu_mt2SXBc.

15. A censura que perseguiu Nelson Rodrigues ao longo de sua vida esteve relacionada no teatro a questões de moralidade, mais que de nudez.
16. Agradecemos a Ricardo Holcer pelos comentários sobre a obra de Nelson Rodrigues.
17. Sobre a censura ao cinema no período da ditadura, pode-se ver o excelente site www.memoriacinebr.com.br.
18. "The vampire motif alluded to earlier only affects Carlos: he is literally transformed by Solange into the living dead. And Carlos is arguably punished in the film for his clumsy and at times violent attempts at more progressive interpretations of sexuality" (DENNISON, 2003, pp. 84-92).
19. "O crítico de cinema Jean-Claude Bernardet pode ter criticado Neville por ter tentado 'limpar' a pornochanchada e assim desembaraçá-la de seu involuntário, mas divertido, caráter grotesco (1978)", apud Stephanie Dennison. "A Carioca *Belle de Jour*: *A dama do lotação* and Brazilian Sexuality", op. cit.

2. Mapas acústicos, constelações sonoras

Pensemos em uma série infinita de conferencistas e oradores presunçosos e teremos uma possível história da cultura brasileira. Como afirma Antonio Candido: "Não esqueçamos que, para o homem médio e do povo, em nosso século a encarnação suprema da inteligência e da literatura foi um orador, Rui Barbosa, que quase ninguém lê fora de algumas páginas de antologia" (2006, p. 93). Oswald de Andrade já havia se antecipado à observação de Candido, quando, em 1924, no "Manifesto da Poesia Pau Brasil", advertia:

> Toda a história bandeirante e a história comercial do Brasil. O lado doutor, o lado citações, o lado autores conhecidos. Comovente. Rui Barbosa: uma cartola na Senegâmbia. Tudo revertendo em riqueza. A riqueza dos bailes

e das frases feitas. Negras de jóquei. Odaliscas no Catumbi. Falar difícil (2011, p. 59).

Dessa perspectiva, o Modernismo brasileiro não só foi uma operação de atualização estética, não só escolheu como antagonistas os poetas parnasianos, mas também operou sobre uma tradição oratória construída na base da impostação e do rebuscamento. Os dois manifestos de Oswald de Andrade, com sua prosa seca e cortante, com seu senso de humor e ironia, deveriam ser pensados, além de uma série de princípios estéticos, éticos e políticos, como peças de oratória estratégicas para contrapor o predomínio de uma retórica oca e rasteira que sobrevivia desde a época da Colônia. O Modernismo também foi uma revolução nos tons. Em *Itinerário de Pasárgada*, Manuel Bandeira escreveu: "Não sei que impressão teria recebido da *Pauliceia* [*desvairada*], se a houvesse lido em vez de a ouvir da boca do poeta. Mário [de Andrade] dizia admiravelmente os seus poemas, como que indiretamente os explicava, em suma, convencia" (2012, p. 69). Não foi por acaso que justamente Manuel Bandeira – um poeta muito sensível aos ritmos e à versificação, com uma formação erudita – compôs o poema que causou mais escândalo na Semana de Arte Moderna, "Os sapos", lido no evento por Ronald de Carvalho:

Os sapos

Enfunando os papos,
Saem da penumbra,
Aos pulos, os sapos.
A luz os deslumbra.

Em ronco que aterra,
Berra o sapo-boi:
– "Meu pai foi à guerra!"
– "Não foi!" – "Foi!" – "Não foi!"

O sapo-tanoeiro,
Parnasiano aguado,
Diz: – "Meu cancioneiro
É bem martelado.

Vede como primo
Em comer os hiatos!
Que arte! E nunca rimo
Os termos cognatos.

O meu verso é bom
Frumento sem joio.
Faço rimas com
Consoantes de apoio.

Vai por cinquenta anos
Que lhes dei a norma:
Reduzi sem danos
A fôrmas a forma.

Clame a saparia
Em críticas céticas:
Não há mais poesia,
Mas há artes poéticas..."

"Urra o sapo-boi:
– "Meu pai foi rei!" – "Foi!"
– "Não foi!" – "Foi!" – "Não foi!"

Brada em um assomo
O sapo tanoeiro:
– "A grande arte é como
Lavor de joalheiro.

Ou bem de estatutário.
Tudo quanto é belo,
Tudo quanto é vário,
Canta no martelo."

Outros, sapos-pipas
(Um mal em si cabe),

Falam pelas tripas,
– "Sei!" – "Não sabe!" – "Sabe!"

Longe dessa grita,
Lá onde mais densa
A noite infinita
Veste a sombra imensa;

Lá, fugido ao mundo,
Sem glória, sem fé,
No perau profundo
E solitário, é

Que soluças tu,
Transido de frio,
Sapo-cururu
Da beira do rio...
(1986, p. 70).

Provavelmente, "Os sapos", que já havia sido publicado em 1919, em *Carnaval*, segundo livro de poemas de Manuel Bandeira, poderia ser pensado como o primeiro manifesto do Modernismo.[1] A primeira coisa que surpreende é a escolha do "sapo" para protagonizar o poema. Temos aí um procedimento de inversão dado pela escolha de um animal abjeto e desprezado, escolhido contra os centauros e as ninfas que povoavam alguns dos poemas parnasianos. No poema, encontramos diferentes sapos: o sapo-tanoeiro, o sapo-pipa e o sapo-cururu. Com relação ao tanoeiro, mais do que um tipo de sapo, trata-se da denominação popular para uma pessoa que exerce uma profissão vulgar. Em compensação, o sapo-pipa e o sapo-cururu são, efetivamente, dois tipos de sapo. O primeiro habita a região amazônica e o segundo recebeu o nome, cururu (kuru'ru), da língua tupi. Com o mote "tanoeiro" e as referências amazônicas e tupis, Bandeira introduziu elementos que naquele momento eram considerados desnobres, embora populares – o sapo-cururu é o protagonista de uma antiga canção infantil – e incorporou registros que a Belle Époque brasileira havia excluído do discurso poético.

Rimado, construído com redondilhas de cinco sílabas, o poema introduz o tabu da oralidade em seu interior através desses pequenos diálogos destinados a desprezar as genealogias enunciadas pelos sapos-tanoeiros. Nem guerreiros nem reis, os sapos-tanoeiros são apresentados como imitadores e embusteiros da palavra, e sobretudo como cultivadores de um excesso de retórica.[2] Vê-se, por tudo isso, o quanto do programa modernista inicial se encontrava já ali. A máquina performática permite, além de pensar no clássico enfrentamento com os poetas parnasianos, escutar o sussurro da oralidade como substrato fundamental da renovação poética que o Modernismo produziu.

Em "Dialética da malandragem", Antonio Candido propôs uma tradição alternativa para a literatura brasileira que nascia com a poesia rutilante de Gregório de Mattos, se consolidava com *Memórias de um sargento de milícias* (1854) de Manuel Antônio de Almeida e se estendia em algumas produções de Oswald e Mário de Andrade. Para Candido, *Memórias...* representava um mundo sem culpa no seio de uma sociedade jovem como a brasileira, na qual a lei e a norma nunca são suficientemente fortes para serem cumpridas. Longe da retórica liberal e do floreado estilo "beletrista", o que se impunha em *Memórias...* era uma irreverência popular. Segundo Candido, *Memórias...* "não se enquadra em nenhuma das racionalizações ideológicas reinantes na literatura brasileira" (1993, p. 51). Nesse processo, o que o crítico detecta não é só outra retórica fora do beletrismo, mas os campos sonoros que ficam de fora do que ele mesmo chamou de *formação* da literatura nacional. Também Haroldo de Campos, em seu ensaio "Arte pobre, tempo de pobreza, poesia menos", incluído em *Os pobres na literatura brasileira* (SCHWARZ, 1983, pp. 181-189),³ opõe um "estilo pobre, de apalpadelas e tropeços, contra estilo rico, opulento, policromo, profuso, de cadência oratória" representado por Rui Barbosa e Coelho Neto, e reforçado pela crítica que Sílvio Romero fez à gagueira de Machado de Assis.⁴ Essa tradição *balbuciante* também se lê em Graciliano Ramos, Carlos Drummond de Andrade e Dyonélio Machado. Em uma expressão de "magreza estética" (daí a menção à *arte pobre*), "o tartamudeio estilístico era – segundo Haroldo de Campos – uma forma voluntária de metalinguagem". Por que não imaginar, a partir do Modernismo, de Antonio Candido, de Haroldo de Campos, então, uma tradição plural e diversa, que remexeu nas inflexões de voz como estratégias de combate, cujo objetivo era enfrentar e desarmar a tradição do "bem dizer", tão enraizada no Brasil? E por que não pensar que essas inflexões combativas deixaram um reservatório acústico que continua produzindo novas vocalidades?

Gritos e farfalhos

Se fosse traçado um mapa acústico da cultura brasileira das últimas décadas, seria possível perceber um uso extensivo do grito e do farfalho como outras estratégias possíveis de enfrentamento do bem dizer. No que se refere ao grito, não se trata do que dá ênfase a um discurso perfeitamente articulado, mas do que encarna na voz e desestabiliza o sentido. Remete ao corpo e é signo de uma ordem pré-discursiva, representando energias pulsionais que não podem ser caladas nem transformadas em retórica. Enquanto o farfalho funciona como uma mensagem interferida, exangue, índice sonoro do fracasso comunicativo e da potência que esse fracasso pode conter. Roland Barthes definiu-o como "uma mensagem duas vezes falida: por um lado, porque se entende mal, mas por outro, mesmo com esforço, se continua compreendendo" (2009, p. 115). Grito e farfalho constituem fugas do sentido ou sua suspensão, como se todo discurso, e já não o bem dizer que o Modernismo combateu, pudesse ser posto sob suspeita.

Para começar, temos esse grande gritalhão cinematográfico, Glauber Rocha, que em seus filmes, em seu programa de televisão *Abertura*, em suas intervenções públicas e até mesmo em seu único romance, *Riverão Sussuarana*, não deixou de gritar.[5] Ou Gal Costa, que um belo dia decidiu começar a cantar aos gritos como uma Janis Joplin tropical, enquanto Clarice Lispector declarava em *A hora da estrela* o "direito ao grito" para sua Macabéa, para seu Rodrigo SM e supomos que para todos. Alguns anos antes, em uma de suas crônicas, a escritora afirmava: "Sei que o que escrevo aqui não se pode chamar de crônica nem de coluna nem de artigo. Mas sei que hoje é um grito. Um grito! de cansaço. Estou cansada!"[6]

Limite do discurso, marca de sua insuficiência ou esgotamento, no final de "Meu tio, o iauaretê", lemos:

> Ei, por causa do preto? Matei preto não, tava contando bobagem... Ói a onça! Ui, ui, mecê é bom, faz isso comigo não, me mata não... Eu – Cacuncôzo... Faz isso não, faz não... Nhenhenhém... Heeé!...
> Hé... Aar-rrâ... Aaâh... Cê me arrhoôu... Remuaci... Rêiucàanacê... Araaã... Uhm... Ui... Ui... Uh... uh... êeêê... êê... ê...[7]

O grito instaura aqui o *nonsense* e a indistinção: como pôde ser narrada essa história? De que metamorfose somos testemunhas? Trata-se do fundo animal que há no humano ou do humano que há em todo animal? Qual é o limiar entre a palavra e o grito, entre o humano e o animal?[8]

Também "Tatuturema", Canto Segundo de *O Guesa* de Sousândrade, termina com algumas interjeições ("Que fazeis?... Hu! Hu! Hu!"), para não falar do final do Canto Décimo, rebatizado de "O inferno de Wall Street" pelos irmãos Campos nos anos 1960:

> (Magnético handle-organ; ring d'ursos sentenciando
> à pena-última o arquiteto de FARSÁLIA; odisseu
> fantasma nas chamas dos incêndios d'Albion:)
>
> – Bear... bear... é ber'beri, Bear... Bear...
> = Mammumma, mammumma, Mammão!
> – Bear... bear... é ber'... Pegásus...
> Parnasus...
> = Mammumma, mammumma, Mammão.[9]

A máquina performática está condensada nesses gritos porque é o próprio corpo da voz que dinamita o texto dotando-o de sentido com base nessas margens. Na adaptação da obra de teatro *O Rei da Vela*, de Oswald de Andrade, realizada por José Celso Martinez Corrêa, em 1967, com uma encenação que combinava técnicas circenses e teatro de revista, ópera e teatro crítico, rigor gestual e transgressão, ritual e pornografia, protesto e festa, o grito era dotado de um componente de agressão que deveria chacoalhar o espectador. A encenação destituía um teatro da palavra e da mensagem que perseguia uma pedagogia popular e revolucionária, como havia sido até aquele momento o Teatro de Arena ou o show *Opinião*. O grito e o uso do corpo em *O Rei da Vela*, e depois também na censurada peça *Roda viva*, produziam uma catarse de sinal invertido, experimentada mais no cenário do que nas plateias (LABAKI, 2002). Nesse sentido, a estreia de *Terra em transe*, de Glauber Rocha, deve ser lida não só como uma autocrítica do papel do intelectual diante do fracasso de um governo que se pretendia de esquerda, mas também como a encenação de um grito catártico.

Acompanhando o grito, encontra-se o farfalho, dotado ao mesmo tempo da potência e da impotência do não dizer ou do dizer pela metade. As vocalizações de João Gilberto Noll em suas leituras públicas fazem parte desse registro sonoro. Suplemento vocal cuja presença transforma o texto que lhe deu origem. Em maio de 2011, por exemplo e como parte da série *Autores em cena*, e dirigido por Fernanda D'Umbra,[10] Noll leu fragmentos de *Lorde* e de *Acenos e afagos*. A encenação, despojada, começava com um telefone tocando e um refletor que focalizava a entrada de Noll no cenário, para recitar um trecho de *Lorde*:

> *Ah*, me enganava de novo, o fato é que eu perdia a direção. Caminhava atabalhoado, a esmo, até dar nas margens do Tâmisa que encontrava pela primeira vez. Não havia muita gente por suas bordas e o frio doía nos ossos (2014, p. 37). (itálico nosso)

Sua leitura era extremamente lenta e utilizava um timbre vocal atravessado por requebros e gemidos, particularmente a partir da interjeição "ah", que se encadeavam nas palavras configurando uma oralidade vacilante. Às vezes parecia até uma litania que ameaçava apagar-se no silêncio. A vocalização do fragmento trazia, além disso, um significado adicional, o modo como Noll entoou a exclamação "ah". Ao requebro e ao gemido, acrescentava a súplica. Por estar no início do fragmento e pelo fato de situar seu personagem em uma condição de marginalização social, um sem-teto sem documentos e ilegal em um país estrangeiro, revelava não só o nó da trama de *Lorde*, mas também o próprio farfalho como uma estética da pobreza e uma ética da dúvida em um mundo cada vez mais dominado por uma lógica da assertividade.

As leituras públicas de Noll proporcionam outras interpretações para seus textos, descobrem em sua prosa caudalosa e dinâmica as marcas desse farfalho. Podem ser lidos nesse sentido os muito frequentes estados de sonho de seus personagens. Narrados em potencial, se apresentam como algo que eventualmente pode acontecer, uma espécie de solilóquio hesitante que, sem se confirmar nos fatos, flutua como um suplemento de sentido que afeta a trama, indica percursos e súbitas revelações. Um exemplo disso é o início de *Lorde*:

> Se ele não *aparecesse*, *iria* para um hotelzinho barato e retornaria para o Brasil no dia seguinte. Eu *continuaria* a andar pelo corredor com aquelas sombras expectantes atrás da corda na minha lateral – esses que costumam esperar os viajantes como se não tivessem mais nada a fazer além de aguardar sedentariamente aqueles que não param de se movimentar, partir e chegar (idem, ibidem, p. 9). (itálicos nossos)

O farfalho permite a constituição de uma língua literária sempre próxima do fracasso e do desvario, é um procedimento que estilhaça tramas e gêneros. A lentidão, o balbucio, a deterioração mental ou da memória, a dúvida, a incerteza, a impotência constituem algumas de suas figuras literárias, que atravessaram toda a narrativa de Noll.

Voz e máquina

A poesia concreta foi estudada mais em sua dimensão material, nos usos que deu à página em branco, em sua forma e tipografia do que na dimensão sonora e vocal que o projeto concreto também propunha.[11] Ou seja, foi estudada mais em seu aspecto verbal e visual do que em seu aspecto vocal. Já houve um deslocamento importante quando os poetas decidiram exibir seus poemas em um museu, destacando sua dimensão espacial e visual, mas paralelamente também fizeram leituras, acompanhados por músicos, para mostrar e pesquisar seus aspectos sonoros. A desconstrução do complexo grafossonoro de que fala Flora Süssekind aponta para um campo experimental do signo que supere a perspectiva das divisões institucionais entre voz, escrita e imagem (2004, p. 145). No Teatro de Arena, de São Paulo, por ocasião do primeiro aniversário do grupo Ars Nova, em 1º de novembro de 1955, foi apresentada a vocalização de três composições de *Poetamenos*, junto com obras de Anton Webern, Ernest Mahle e Damiano Cozzella. No programa de apresentação, foi mencionada pela primeira vez a expressão "poesia concreta". Essa leitura tinha entre seus objetivos refutar os críticos que diziam que aqueles poemas não podiam ser vocalizados, embora toda a concepção do poema suponha sua vocalização. Mais ainda, há toda uma inovação nesse terreno, já que, até *Poetamenos*, a leitura em voz alta dos poemas se definia ou por sílabas (longas e breves), como na poesia latina, ou pela versificação, a acentuação e as rimas. Ou seja, componentes estruturais do poema que são como sua armação e seu esqueleto, o que Don Geiger denomina "estrutura de sons" (op. cit.) de um poema, com seu alto nível de previsibilidade e de repetição: por exemplo, o soneto ou o alexandrino. Isso muda com o poema em versos livres ou o poema em prosa, mas aí os critérios surgem do próprio poema e não de uma preceptiva prévia. Com *Poetamenos*, em compensação, a ideia é a consideração *tímbrica* do verso, a qual é arbitrária porque corresponde às cores, que não têm uma função determinada, mas somente a de armar grupos por contraste cromático. Como uma partitura de música contemporânea, há um dispositivo que o intérprete pode usar livremente a partir de alguns princípios básicos (por exemplo, um timbre para a cor vermelha, outro para a cor amarela etc.). A partir daí, as performances públicas dos poetas concretos se multiplicaram: dos eventos com projeções de poemas em laser (em 1989, na avenida Paulista, em São Paulo, foram projetados os poemas "Risco" e "Rever" de Augusto de Campos e uma versão de sua autoria de "The Tyger", de William Blake) a várias apresentações, gravações e o show *Poesia é risco*, que Augusto de Campos concebeu com Cid Campos. Por outro lado, devido à proximidade com os músicos do Grupo Experimental de Música Nova (Rogério Duprat, Damiano Cozzella, Willy Correia de Oliveira, Gilberto Mendes, Régis Duprat e Júlio Medaglia), vários de seus poemas foram musicalizados. No Festival de Música Nova de Santos, realizado em 1963, Willy Correia de Oliveira apresentou "Movimento", baseado no poema de Décio Pignatari; Gilberto Mendes apresentou "Nascemorre", de Haroldo de Campos, e Koellreutter musicalizou "Haicais" de Pedro Xisto.

Por isso também é necessário, para abordar essas produções, utilizar o conceito de "estrutura de sons"[12] de um poema, já mencionado, mas confrontando-o com usos não previstos por essa estrutura. Esses aspectos imanentes entram em tensão com os raides sonoros feitos a partir de fora do texto escrito e de sua "estrutura de sons", produzindo uma dupla articulação: construção estrutural e devir material. Durante seus primeiros anos como grupo Concreto, o verbivocovisual é isomórfico: por exemplo, em "Tensão", de Augusto de Campos, o "t" forma uma cruz como a tipografia visual da letra e organiza dois eixos sonoros de leitura, horizontal e vertical (enquanto o "s" traça um eixo diagonal). Mas essa estrutura que o olhar e a vocalização do poema percebem adquire novos sentidos na leitura que Augusto e Cid Campos fazem. Já no manifesto "Plano-piloto para poesia concreta", havia sido enunciada a dimensão sonora e musical daquele projeto:

> ideograma: apelo à comunicação não verbal. o poema concreto comunica a sua própria estrutura: estrutura-conteúdo. o poema concreto é um objeto em e por si mesmo, não um intérprete de objetos exteriores e/ou sensações mais ou menos subjetivas. seu material: a palavra (<u>som</u>, forma visual, carga semântica). seu problema: um problema de funções-relações desse material. fatores de proximidade e semelhança, psicologia da gestalt. ritmo: força relacional. o poema concreto, usando o <u>sistema fonético</u> (dígitos) e uma sintaxe analógica, cria uma área linguística específica – "<u>verbivocovisual</u>" – que participa das vantagens da comunicação não verbal, sem abdicar das virtualidades da palavra. com o poema concreto ocorre o fenômeno da metacomunicação: coincidência e simultaneidade da comunicação verbal e não verbal, com a nota

de que se trata de uma comunicação de formas, de uma estrutura-conteúdo, não da usual comunicação de mensagens (2006, p. 216). (grifos nossos)

Vamos tomar dois poemas muito conhecidos para pensá-los com base em seu aspecto vocal. Em "Tensão", por exemplo, foram analisados a forma quadricular, os possíveis percursos para diversas leituras, todas elas em consonância com o projeto dos concretos de destituir o verso como unidade mínima do poema.[13] A vocalização de Augusto e Cid Campos escolhe dois percursos, entre os muitos possíveis, para o poema, mas de tal modo que sua enunciação os multiplica. Em primeiro lugar, repete duas vezes o seguinte fragmento: "ten são/ com som/ can tem/ con tem/ tam bem/ tom bem/ sem som." Como se pode observar, a vocalização parte do núcleo do poema e se estrutura entre o "som" ("com som") e sua ausência ("sem som"). Em termos sonoros, a vocalização se constrói sobre a repetição da oclusiva alveolar surda, o T, e a africada palatal, o C, para culminar na fricativa alveolar, o S, de "sem som". O percurso vocal do poema, seu princípio acústico e construtivo, privilegia a repetição: duplica sua trajetória de leitura, constrói cadeias sonoras apoiadas na repetição e escolhe terminar com duas palavras que reiteram sua primeira letra. Da maior para a menor, a vocalização serializa o poema. Um segundo fragmento estabelece um percurso diferente. A voz de Augusto repete trinta vezes "tom/ can/ tem/ com/ tom". O sentido, que se poderia imaginar como um "cantem com tom", é desestabilizado pela repetição e pelas mínimas variações que tanto Augusto quanto Cid vão inserindo no poema: incrustações de outras palavras de "Tensão". Finalmente, a vocalização é acompanhada pelo som de uma guitarra elétrica tocada de modo reiterativo por Cid. Nem as diferentes variações feitas por Augusto de Campos, nem o *riff* da guitarra de Cid, nem sequer os *close-ups* dos grupos de signos que a tecnologia permite estavam previstos na primeira versão publicada do poema.

"Cristal" (1956), de Haroldo de Campos, foi gravado por Ecilia Azeredo Grünewald e Augusto de Campos.[14] Na vocalização de "fome de forma", o efeito seriado se dá a partir da palavra "cristal". Se, no poema, essa palavra está escrita oito vezes, na gravação é pronunciada doze vezes no total, duas delas como se fosse uma espécie de tilintar, quando Ecilia, que faz a voz cantante dessa palavra, fica alguns tons abaixo das palavras pronunciadas por Augusto, e o restante, como se fosse uma "litania", termina por desfazer o sentido da palavra. A contraposição tímbrica, perceptível nesse caso pela voz grave de Augusto e pela voz aguda de Ecilia, mais do que se articular em um todo homogêneo, produz uma fricção. Desse modo, a vocalização contribui para que o poema exiba mais plenamente as possíveis distâncias, e os diversos percursos entre os significantes "cristal" e "fome de forma".

Em ambos os poemas, a repetição efetiva de sua totalidade ou de suas partes e as velocidades aplicadas nas referidas repetições, a incrustação vocálica de palavras e o contraste tímbrico aprofundam os princípios reivindicados pela música contemporânea. Igualmente, produz-se uma simultaneidade que nenhuma leitura silenciosa é capaz de conseguir. O ouvir é naturalmente simultâneo, a leitura é fatalmente sucessiva. Se fôssemos dos poemas vocalizados aos poemas escritos, estes últimos nos pareceriam "fechados" ou "congelados" no meio de um movimento, enquanto a dimensão vocal reintroduz uma abertura e dinamiza a composição. Mas o que ocorre com a voz propriamente dita para além da questão tímbrica especificamente? Deveríamos perguntar-nos pela entonação. Ao ouvir, por exemplo, Marinetti recitando o poema "Zang tumb tumb" (1914),[15] é possível perceber que, embora seja um poema eminentemente fonético, se mantém, ou mais exatamente se ativa, uma expressividade, como se a vocalização recuperasse o que o poema escrito havia buscado deixar para trás. Outro exemplo é a vocalização de "Ursonate" (1932),[16] de Kurt Schwitters, em que, mais do que recuperar a impostação lírica, a vocalização readquire uma linearidade previsível. Ao contrário, a voz nos poemas vocalizados dos poetas concretos é voluntariamente trabalhada, nem veículo para expressar uma mensagem – o poema – nem veículo para expressar o interior de uma subjetividade. As vozes concretas revelam o projeto de alcançar uma voz neutra, dotando-a de uma indiferença que obtura ou dificulta qualquer recomposição argumental. Em sua repetição, nos tons monocórdios, ou nas litanias, constroem uma sonoridade cujo objetivo consiste em expulsar qualquer rastro de interioridade.

A "verbivocovisualidade" aludida não era uma propriedade exclusiva dos poetas concretos brasileiros, mas um âmbito de pesquisa compartilhado por diversos artistas, de diferentes disciplinas e de várias nacionalidades, em torno de uma arte que começava a ser pensada como campo experimental e articulava, ao mesmo tempo que ultrapassava, poesia, música e artes plásticas. As referências procuram tornar visíveis matrizes de composição que músicos e poetas compartilhariam, basicamente procedimentos "seriados" e "aleatórios", que os concretos postulavam como formas de composição poética, destinadas a controlar os excessos de lirismo e as intromissões da subjetividade.

A atuação da voz

Nos ensaios críticos dedicados à poesia marginal dos anos 1970,[17] as referências à sua dimensão performativa são escassas, mesmo nos casos em que a atuação no espaço público foi um componente importante para muitos dos poetas que participaram.[18] Seria possível citar como exemplo a venda de livros artesanais nas praias e em pontos-chave da Zona Sul do Rio de Janeiro, ou os encontros poéticos no mítico Circo Voador. Entre os vários grupos que circularam durante aqueles anos,[19] o denominado Nuvem Cigana, fundado, em 1972, por Ronaldo Bastos e composto por Chacal, Bernardo Vilhena, Ronaldo Santos, Charles, Pedro Cascardo, Dionísio Oliveira e Lucia Lobo, entre outros, constituiu a poesia como campo experimental no qual a máquina performática ocupava um lugar central. Esse grupo produziu vários livros e uma efêmera, embora importante, revista chamada *Almanaque Biotônico Vitalidade*.

Entre 1975 e 1979, realizou ainda eventos poéticos e performáticos que foram denominados "Artimanhas".

Como quase todos os relatos que abordam a origem do Nuvem Cigana mencionam, a viagem de Chacal a Londres e sua presença nas leituras de Allen Ginsberg provocaram nele uma "iluminação" que deu origem à organização das "Artimanhas" no Brasil.[20] Entretanto, para além do relato do mito de origem nos recitais de Ginsberg, os modelos desse grupo não são tão claros nem, obviamente, tão eruditos como aqueles que formaram os poetas concretos. Tanto pelos depoimentos recolhidos quanto pela apresentação posterior das "Artimanhas", depreende-se que os integrantes do Nuvem Cigana encontraram nos blocos de Carnaval de rua um primeiro modelo de ação, até mais influente que a escuta de Ginsberg. Se há uma *verdadeira* origem para as "Artimanhas", ela se encontra na pequena cidade de Búzios, com a criação do bloco Charme da Simpatia,[21] que acompanharia muitas das apresentações posteriores. Se Ginsberg "influenciou" um grupo de poetas cariocas a começar a ler poemas em público, a estética e a encenação provieram das tradições carnavalescas brasileiras. O Carnaval começava a ser valorizado em sua dimensão transgressiva, fundada no uso da fantasia que contribuía para diluir os limites da subjetividade e das convenções sociais. Caetano Veloso lançou, em 1977, o disco *Muitos carnavais,* em cuja capa aparecia maquiado com purpurina e com os lábios pintados de vermelho. A canção homônima, que abria o disco, dizia: "Eu sou você/ Você me dá/ muita confusão e paz."[22]

Em 1976, ocorreu a primeira das "Artimanhas" na livraria Muro, ponto de encontro de artistas e escritores, por ocasião de uma feira de artes ali realizada, para a qual o grupo Nuvem Cigana foi convidado. Aquele evento foi definido por um dos participantes, Rui Campos, como "um *happening* antes que a cultura dos *happenings* se difundisse no Brasil" (COHN, op. cit, p. 84). Anos depois, o poeta Chacal, um dos participantes, contou sobre as dúvidas e as dificuldades para imaginar a entrada do grupo na máquina performática:

> Pensamos em música, em projeção audiovisual, que era uma coisa que estava na moda, alguma coisa de dança. Mas não sabíamos como encaixar poesia no meio de tudo isso. O famigerado "varal de poesia" não rolava. Então a poesia ficou meio de fora da programação oficial (idem, ibidem, p. 84).

Por outro lado, Bernardo Vilhena, ao narrar o modo como se concretizou a primeira "Artimanha", afirmou:

> A leitura na primeira Artimanha foi inteiramente de improviso. Estava passando uma projeção de slides de Vergara sobre o Cacique de Ramos e eu comecei a puxar o samba deles: "lelê-o, o Cacique é bom, lelê, o Cacique é o bom." E todo mundo começou a acompanhar. Quando acabou, o Chacal virou para mim e disse: "É a hora, eu vou entrar" (idem, ibidem, p. 84).

Então Chacal parou diante do público e leu "Papo de índio", Bernardo Vilhena recitou "Vida bandida" e Ronaldo Bastos continuou com "Ô menino, que te fez?". De acordo com o relato, foi a projeção das fotografias de Carlos Vergara que estimulou o salto dos poetas para a performance: os slides retratavam o bloco Cacique de Ramos com seus participantes *fantasiados* de índios.[23] À tradição carnavalesca acrescentava-se a referência indígena. Não é casual que o primeiro poema tenha sido "Papo de índio", que recorre a certa memória antropofágica de tradição modernista e oswaldiana:

> Veiu uns ômi di saia preta
> cheiu di caixinha e pó branco

> qui eles disserum qui chamava açucri
> aí eles falarum e nós fechamu a cara
> depois eles arrepitirum e nós fechamu o corpo
> aí eles insistirum e nós comemu eles.
>
> (CHACAL, 1997, p. 53)

O poema, em chave humorística, recupera cenas da história do Brasil, desde a "Carta de Pero Vaz de Caminha" até o cativeiro de Hans Staden. A capacidade devoradora do índio é, mais uma vez, reivindicada. Entretanto, deve-se levar em conta a mediação do bloco Cacique de Ramos, que traz a "festa" e o "artifício", a comunhão integradora e a possibilidade do acontecimento, a "fantasia" e a "encenação", a perda da identidade e com ela a transgressão. A tudo isso as "Artimanhas" aspirarão nas apresentações seguintes.

Durante o período em que o grupo se apresentou, Chacal escreveu um manifesto, cujo título consiste na definição que o *Novo dicionário Aurélio da Língua Portuguesa* dá para a palavra "artimanha" – "Artimanha: ardil, artifício, astúcia".

> Artimanha se faz na rua, precisamente no meio dela.
> Artimanha nasceu para dar nome ao que não era poesia,
> [música, teatro, cinema,

apenasmente. Era tudo e mais – e mais que tudo – tudo
aquilo.

[QUAL o nome da
criança – mustafá ou salomé, homem ou mulher, cocaína
[ou rapé – qual o nome, qual
o nome, qual o nome? Nenhum outro senão Artimanhas.

Artimanha se faz com artifício e Artimanha
artefato plástico
pernas palcos e vedetes
chicletes chacretes
folia
Artimanha é comício na Cinelândia na Central
é perigosíssimo
é o início do fim de tudo
é o nada incrementado
é um bolo confeitado
    enfeitiçado

Artimanha é denúncia é discurso é infâmia,
é o produto de um povo que não soube até agora o que
[é interferir
o que é votar o que é liberdade o que é democracia o que
[é o que é

> Artimanha sabe que sem malandragem não é possível
> sabe que é preciso ocupar espaço
> sabe que é preciso gastar munição
> sabe que Torquato é oito como biscoito torto
> ai meus dentes
>
> não aceite imitações, exija ARTIMANHAS.
> (MALASARTES, 1976, p. 32)

As "Artimanhas" são programadas, mas deixam lugar para o improviso, que se torna seu princípio fundamental. A concepção poemática, mais do que "verbivocovisual", é "vocoverbal", na medida em que a vocalização pretende transformar o poema originalmente escrito. A máquina performática, nesse caso, confunde cópia e original. A referência ao "artifício", a citação do "malandro" situam a expressividade da voz em um plano interpretativo e dramatúrgico. Pode-se falar em uma *fantasia vocal*, para utilizar uma categoria carnavalesca. Atravessada pelas cenografias que eram montadas, pelo diálogo a quatro vozes, pela participação do público e pelo bloco Charme da Simpatia, que aparecia no final de cada apresentação, essa voz é fundamentalmente festiva e construtiva.

Arnaldo Antunes, o autômato desregulado

Durante os anos 1980, Arnaldo Antunes integrou a popular banda de rock Titãs, que, juntamente com Os Paralamas do Sucesso e Legião Urbana, fez do rock brasileiro um fenômeno de massa. A partir daí, tornou-se um dos principais cantores da MPB. Paralelamente a essa imersão no *star system*, Antunes é um artista visual, poeta e *performer*, que expõe seu trabalho em festivais, galerias e museus de arte contemporânea. Entre grandes e pequenos circuitos, foi construindo uma *máscara* e uma *pose* que dialogam com a figura do autômato, com o objetivo de problematizar tanto os modos de inserção nesses circuitos quanto a relação entre sujeito e linguagem.

No que se refere à construção de sua pose, um dos primeiros elementos são as coreografias que Arnaldo Antunes preparava com os Titãs. No videoclipe oficial de "Sonífera ilha" (1984), o grande hit do primeiro disco do grupo, diversamente dos demais integrantes, os movimentos do jovem Antunes assemelhavam-se a uma dança espasmódica, propondo um tipo de atuação que pode ser denominada "desauratizante". Ou seja, o artista, como outros músicos de rock e pop dos anos 1980, enfrentava com sua atuação toda uma tradição dionisíaca – da qual Mick Jagger poderia ser um exemplo. Antunes representa em parte o que Richard Schechner destaca:

> A distância entre personagem e *performer* permite que um comentário seja inserido; para Brecht esse era em geral um comentário político, mas poderia ser também – como é para dançarinos pós-modernos e artistas performáticos – um comentário estético ou pessoal (apud STEENSTRA, 2010, p. 9).

Com base no que Steenstra aponta, é possível propor que a pose de Antunes, entretanto, constrói um distanciamento paradoxal, que não consiste em tomar distância para que sua persona aflore, mas mais exatamente em produzir intermitentes apagamentos da afetividade que circula em um show de rock ou em um recital de poesia. Os movimentos espasmódicos constituem uma performance da inspiração, tanto quanto uma crítica à mitologia da inspiração.

Junto com o movimento espástico de seu corpo, o autômato Arnaldo Antunes emite, conjuntamente com o grito, uma voz que combina um registro grave e encantatório. O fraseio é resultado de uma montagem tímbrica que combina tradições dramatúrgicas opostas. Por um lado, um canto, ou uma recitação monocórdia, distorcida em algumas ocasiões com o uso de sintetizadores, samplers e amplificadores, cujo resultado é o "apagamento" de todo rastro "humano", figurando uma espécie de máquina falante. Por outro, o uso do grito, primal, corpóreo, que Antunes insere em doses breves e intempestivas. Desse modo, sua modulação vocal oscila entre uma citação pós-humanista maquinal e um grito pré-linguístico.[24]

O corte de cabelo é outro elemento importante para a construção da pose. Ele foi definido como uma mistura de rebeldia punk e pragmatismo *clean*, em referência a seu cabelo pontiagudo com uma parte raspada, e ao mesmo tempo de aspecto bem cuidado (GARDEL, 2013). Ambíguo e contraditório, em seu corte convivem a citação punk e a nudez. Se suas "vozes" falam de um pós-humanismo e uma dimensão pré-linguística, seu cabelo alude simultaneamente a uma dimensão pós-moderna e primitiva. André Gardel, seguindo o Conde Keyserling, via Oswald de Andrade, definiu Arnaldo Antunes como um "bárbaro tecnizado" (ibidem, p. 8). Esse cabelo emoldura uma gestualidade: olhos bem abertos, uma boca que raramente sorri e uma indumentária na qual costumam se destacar camisas com mangas enormes que pendem de seus braços e cobrem suas mãos, com as quais Antunes intensifica suas coreografias espasmódicas.

Os autômatos e os bonecos tiveram um papel preponderante na arte e no pensamento do século XX. Hal Foster, em seu estudo sobre o Surrealismo (2008), ressalta o fascínio que muitos dos integrantes desse movimento tinham pelos manequins e os autômatos, pois os primeiros representavam o processo de reconfiguração do corpo e os segundos seu tornar-se máquina. O manequim e o autômato evocavam uma confusão sinistra entre vida e morte. O fascínio pelo autômato ou pelas máquinas sem um objetivo utilitário correspondia a um desejo de desencadear as forças destrutivas ou revolucionárias que estes haviam possuído e que o capitalismo parecia em vias de controlar. Arnaldo Antunes encarna esse autômato em suas performances e o faz, surpreendentemente, no mundo do espetáculo e do rock: em vez de encarnar a estrela do rock espontânea e dionisíaca – como já dissemos –, leva seu corpo ao limite, até quase desmontá-lo como aquelas máquinas em que as molas saltam. Em todo caso, é um êxtase dionisíaco que ele cruza – daí sua originalidade – com a linha mallarmeana-concreta da desaparição elocutória do eu. Se a poesia concreta recorria à música contemporânea para reler a poesia e o grupo Nuvem Cigana recorria ao Carnaval, Antunes provoca um curto-circuito inverso: leva a impessoalidade do autômato e da linguagem ao mundo carismático e muitas vezes confessional do rock. Não potencializa e sim produz rupturas: é um autômato que conecta cabos de diversas procedências para que haja faíscas, avarias, choques de energia. Sua pose, que também é representada na capa de vários de seus discos,[25] dramatiza o gozo, mas também o desprazer, conexão e desconexão, continuidade e interrupção, domínio e sujeição. Este último par é o que enuncia sua produção escrita, ou, o que é a mesma coisa, sua *máscara*.

No prefácio que escreveu para a edição do livro de poemas *Doble duplo*, de Arnaldo Antunes (2000), David Byrne recorreu a uma figura peculiar para pensar a produção do artista brasileiro: o dicionário. Sua argumentação é a seguinte: diversamente de uma pessoa, que nos olharia com desconfiança ou acharia que somos ignorantes se lhe perguntássemos a definição da palavra "casa", o dicionário não julga quem o consulta. Um dicionário está ali para esclarecer todas as nossas dúvidas, sejam elas simples ou sofisticadas, queiramos saber o significado da palavra "amizade" ou da palavra "desconstrução". É evidente que o que Byrne queria ressaltar era o trabalho com as palavras que Antunes realiza em sua poesia, em seus discos, caligrafias ou performances. Aos clássicos procedimentos de montagem, *ready-made* ou *assemblage*, teríamos que somar, no caso de Antunes, o de "dicionarizar".

Arnaldo Antunes não deixa de definir as palavras, mas o faz escrevendo outro dicionário que realiza deslocamentos mínimos dos lugares-comuns e das cristalizações de sentido nos jogos de linguagem com os quais habitualmente uma comunidade se comunica. "Palavras podem ser usadas de muitas maneiras", diz neste poema de *Tudos*:

> As pedras são muito mais lentas do que os animais. As plantas exalam mais cheiro quando a chuva cai. As andorinhas quando chega o inverno voam até o verão. Os pombos gostam de milho e de migalhas de pão. As chuvas vêm da água que o sol evapora. Os homens quando vêm de longe trazem malas. Os peixes quando nadam juntos formam um cardume. As larvas viram borboletas dentro dos casulos. Os dedos dos pés evitam que se caia. Os sábios ficam em silêncio quando outros falam. As máquinas de fazer nada não estão quebradas. Os rabos dos macacos servem como braços. Os rabos dos cachorros servem como risos. As vacas comem duas vezes a mesma comida. As pá-

ginas foram escritas para serem lidas. As árvores podem viver mais tempo que as pessoas. Os elefantes e golfinhos têm boa memória. Palavras podem ser usadas de muitas maneiras (1993b, s/p).

"As máquinas de fazer nada não estão quebradas." O autômato brilha em todo o seu esplendor: gasta o corpo até levá-lo ao limite, até um momento em que parece já não pertencer a ninguém e desencadeia o "autômato espiritual" não como um raciocínio dedutivo que se encadeia sistematicamente, mas como curtos-circuitos de linguagem que atuam por proximidade fônica ou gráfica e que enlouquecem todo o maquinário em um jogo sem fins comunicativos ou produtivos.[26]

Os efeitos do deslocamento e da neutralização parecem poder transformar as palavras em objetos ao restringir, desativar seus usos cotidianos. Essa objetualização supõe, na produção de Arnaldo Antunes, uma premissa prévia, a ruptura, em um tempo mítico, das relações de necessidade entre palavra e coisa. A linguagem, desse modo, deixa de nos pertencer e esse não pertencimento tem duas consequências: a liberdade de poder dizer uma palavra de várias maneiras e a sujeição do eu à linguagem:

Pensamento vem de fora
e pensa que vem de dentro
pensamento que expectora
o que no meu peito penso.
Pensamento a mil por hora,
tormento a todo momento.
Por que é que eu penso agora
sem o meu consentimento?
Se tudo que comemora
tem o seu impedimento,
se tudo aquilo que chora
cresce com o seu fermento;
pensamento, dê o fora,
saia do meu pensamento.
Pensamento, vá embora,
desapareça no vento.
E não jogarei sementes
em cima do seu cimento.
(1993, s/p)

Se a pose de autômato encena o gozo e o desprazer diante de um presente dominado pela máquina midiática do espetáculo, problematizando os limites difusos entre a sujeição e a autonomia, a *máscara* encena a disjuntiva entre um eu que fala e um eu que é falado. É nesses lugares incertos e irresolutos que Arnaldo Antunes atua.

* * *

Diversamente de muitas manifestações orais do passado, a recitação romântica nos salões, por exemplo, a reprodução fonográfica e certos índices de oralidade textuais permitem detectar uma corrente que se ergue contra a tradição presunçosa que marcou – com a vertigem do evanescente – a formação da literatura brasileira. Não há testemunho de como eram as leituras no século XIX nem são abundantes as do século XX (mesmo um grupo tão recente como o Nuvem Cigana carece de registros documentais sonoros), mas, tal como fomos apontando, algumas escritas como as de Sousândrade ou Bandeira, bem como as gravações da poesia concreta, de João Gilberto Noll ou de Arnaldo Antunes, fazem ouvir a dissonância, o grito ou o balbucio como interrupções desse fundo sonoro de oratórias grandiloquentes. Esse corpo da voz regressa à escrita, ou se torna audível nela, para articular-se com diferentes operações de espacialização, ruptura da linearidade ou aparição de novos significantes como o "arrhoôu" de Guimarães Rosa ou torções significativas como o "ah" de Noll. São as *deformações*, os balbucios malandros que a máquina performática faz ouvir enquanto o orador declama, construindo com eles novos sentidos para a literatura.

NOTAS

1. Sobre a leitura de "Os sapos" na Semana de Arte Moderna, ver GONÇALVES, 2012, pp. 305-306.
2. Bandeira ressalta em *Itinerário de Pasárgada*: "A propósito desta sátira, devo dizer que a dirigi mais contra certos ridículos do pós-parnasianismo. É verdade que nos versos: 'A grande arte é como lavor de joalheiro', parodiei o Bilac da 'Profissão de fé' ('Imito ourives quando escrevo...'). Duas carapuças havia, endereçada uma ao Hermes Fontes, outra ao Goulart de Andrade. O poeta das *Apoteoses*, no prefácio ao livro, chamara a atenção do público para o fato de não haver nos seus versos rimas de palavras cognatas; Goulart de Andrade publicara uns poemas em que adotara a rima francesa com consoante de apoio (assim chamam os franceses a consoante que precede a vogal tônica da rima), mas nunca tendo ela sido usada em poesia de língua portuguesa, achou o poeta que devia alertar o leitor daquela inovação e pôs sob o título dos poemas a declaração entre aspas: 'Obrigado à consoante de apoio'" (2012, p. 52). No registro de "Os sapos", há várias passagens que podem ser relacionadas a *Macunaíma* (1928), de Mário de Andrade, principalmente ao capítulo "Carta pras icamiabas".
3. Incluído em Roberto Schwarz (Org.). *Os pobres na literatura brasileira*. São Paulo: Brasiliense, 1983, pp. 181-189.
4. Sílvio Romero publicou, em 1897, um livro muito crítico inteiramente dedicado a Machado de Assis, intitulado *Machado de Assis*. Ver ROMERO, 1943.

5. Em seu romance *Riverão Sussuarana*, Glauber Rocha utiliza as maiúsculas como expressão do grito: "Saímos pela porta da cozinha, a porta foi trancada, ELE TROUXE A CHAVE? QUANDO SEGUNDO RELATO DA VIZINHA NECY SUBIU SEM CHAVE E TENTOU ABRIR A PORTA DA COZINHA COM A CHAVE DE FENDA COM QUEM ESTAVA A CHAVE?" (2012, p. 192)

6. A crônica foi publicada em 9 de março de 1968, no *Jornal do Brasil*, e se intitula "O grito". Na sequência, temos: "É óbvio que o meu amor pelo mundo nunca impediu guerras e mortes. Amar nunca impediu que por dentro eu chorasse lágrimas de sangue. Nem impediu separações mortais. Filhos dão muita alegria. Mas também tenho dores de parto todos os dias. O mundo falhou para mim, eu falhei para o mundo. Portanto não quero mais amar. O que me resta? Viver automaticamente até que a morte natural chegue. Mas sei que não posso viver automaticamente: preciso do amparo e é do amparo do amor" (1999, p. 81). Para além do tom confessional que Clarice imprime à sua crônica, é interessante destacar como o "grito" funciona como uma espécie de *shifter* que rompe com o gênero: não é uma crônica, é um "grito". Vale recordar que o primeiro título de *Água viva* era *Coisa gritante*.

7. *Estas estórias. Obras completas*. Rio de Janeiro: Nova Aguilar, 1994, p. 852.

8. Para uma reflexão com base na antropologia, ver Eduardo Viveiros de Castro. *Inconstância da alma selvagem*. São Paulo: Cosac & Naify, 2002; e com base na filosofia: Giorgio Agamben. *O aberto: o homem e o animal*. Rio de Janeiro: Civilização Brasileira, 2013. Trad. de Pedro Mendes.

9. *O Guesa*. São Paulo: Demônio Negro, 2009, p. 277.

10. Fernanda D'Umbra nasceu em São José do Rio Preto. Dirigiu as peças a seguir relacionadas: 1993: *O mambembe*; 1994: *O imperador da China*; 1996: *Ubu, folias physicas, pataphysicas e musicaes 2*; 1998: *Diário das crianças do velho quarteirão; O avarento*; 2002: *E éramos todos Thunder-*

birds; 2003: *A frente fria que a chuva traz*; 2005: *As mulheres da minha vida*; 2006: *A(u)tores em cena*; *Chapa quente*; 2007: *O natimorto – um musical silencioso*; 2008: *Confissões das mulheres de 30*; 2009: *A noite mais fria do ano*. Disponível em youtube: https://www.youtube.com/watch?v=HGFswZyD5Ro.

11. Para uma análise da poesia concreta, ver AGUILAR, 2004.
12. Don Geiger ressalta como características da "estrutura de sons" as rimas internas, aliterações, assonâncias, entre outras possíveis formas e figuras que constituem o aspecto sonoro e musical de um texto poético (op. cit.).
13. Em alguns casos, existe mais de uma versão: "Tudo está dito", de Augusto de Campos, por exemplo, foi interpretado pelo próprio poeta e também por Arrigo Barnabé (disponível em: https://www.youtube.com/watch?v=d8g-U1Uxxqg).
14. A vocalização está disponível em: http://www.poesiaconcreta.com.br/audio.php?page=3&ordem=asc.
15. A vocalização está disponível em: http://www.youtube.com/watch?v=u1Yld7wGWEI.
16. A vocalização de um fragmento do poema está disponível em: http://www.youtube.com/watch?v=6X7E2i0KMqM.
17. Entre os livros que abordam a poesia marginal, temos: Heloisa Buarque de Hollanda. *Impressões de viagem: CPC, Vanguarda e desbunde* (1980); Carlos Alberto Messeder Pereira. *Retrato de época* (1981); Glauco Mattoso. *O que é a poesia marginal* (1982); Flora Süssekind. *Literatura e vida literária: polêmicas, diários & retratos* (1985); Frederico Coelho. *Eu brasileiro confesso minha culpa e meu pecado: cultura marginal no Brasil das décadas de 1960 e 1970* (2010).
18. Uma perspectiva desencantada é apresentada por Glauco Mattoso em *O que é poesia marginal?*: "Já no caso, também específico, dos grupos de poetas/ editores *desbundados*, a marginalidade é assumida primeiro

como uma válvula de divulgação do trabalho individual; depois conscientemente, como bandeira e componente do próprio *desbunde*. Quando isso ocorre, os poetas buscam a publicidade e a popularidade através de soluções promocionais também 'alternativas' que, embora coerentes com o estilo de comportamento assumido, dão chance ao vedetismo e, eventualmente, algum estrelato: *happenings*, shows, recitais, passeatas, lançamentos em praça pública e tal. Exemplos típicos" (1981, p. 78).

19. Entre os grupos de poetas dos anos 1970, podem ser mencionados, entre outros: Frenesi, Vida de Artista, Folha de Rosto, Gandaia, Garra Suburbana e Gens.

20. Chacal conta: "Eu vi uma performance do Allen Ginsberg em Londres, o que foi uma coisa muito forte, mas não cheguei a escrever muita coisa por lá. Pelo menos nada aproveitável, porque na época estava muito drogado, e tudo que eu queria era ver rock'n'roll. Eu cheguei a ser preso lá, e tomei uma overdose de heroína. Não conseguia trabalhar, o máximo que trabalhei foram dois dias no Harrod's, que era um grande magazine de lá. O resto do tempo ficava me drogando, vivia de brisa. Foram onze meses completamente insanos" (COHN, 2007, p. 37).

21. Sobre o bloco Charme da Simpatia, Pedro Cascardo afirma: "Tinha um barco lá em Búzios com o nome de 'Charme da Simpatia'. Eu me lembro desse dia, a gente estava bebendo lá no barraco, até o Ney Conceição estava lá, e o Bernardo começou a inventar o nome, 'Bloco Carnavalesco Lítero Musical Euterpe Charme da Simpatia'"; Dionísio acrescenta: "No começo, o que a gente fazia era o banho à fantasia. Colocava fantasias de papel e ficava rodando pelas ruas, batucando, sambando, depois caía no mar. Primeiro em Búzios, depois começamos a fazer no Rio. Eu me lembro de banho à fantasia na minha infância. Mas fomos nós que o reavivamos no Carnaval, porque quando come-

çamos ninguém mais fazia." Ambos os depoimentos integram COHN (2007, p. 56).

22. Roberto DaMatta publicou, em 1979, *Carnavais, malandros e heróis* e, em 1981, *Universo do carnaval: imagens e reflexões*.

23. O bloco Cacique de Ramos nasceu em 1961, na Zona Norte do Rio de Janeiro. O bloco, que ainda existe, se fantasia com roupas indígenas para seus desfiles.

24. Um exemplo disso foi a performance apresentada no Festival Internacional de Literatura de Buenos Aires, em 2008, no qual trabalhou com os dois registros sonoros. Interpretou seu poema "Nome": "algo é o nome do homem/ coisa é o nome do homem/ homem é nome do cara/ isso é o nome da coisa/ cara é o nome do rosto/ fome é o nome do moço/ homem é o nome do troço/ osso é o nome do fóssil/ corpo é o nome do morto/ homem é o nome do outro", utilizando o registro do grito (1993). Assim que concluiu o poema, Antunes começou a vocalizar uma série de ruídos com os quais iniciou, em tom monocórdio, grave e balbuciante, seu poema "agá": "agagueiraquasepalavra/ quaseaborta/ apalavraquasesilêncio/ quasetransborda/ osilêncioquaseeco" (1998, p. 11). Na performance, Antunes acrescenta: "A gagueira agora/ O século eco."

25. Um de seus discos se chama, por exemplo, *Ninguém* (1995); em outro *Paradeiro* (2001), aparece um boneco com sua imagem.

26. Sobre o autômato espiritual e seu lugar no cinema contemporâneo, ver Gilles Deleuze. *La imagen-tiempo: estudios sobre cine 2* (1987, p. 209 e ss.).

3. Espaços: táticas de ocupação

Há um documento excepcional sobre a constituição do espaço no Brasil: a *Carta do achamento*, de Pero Vaz de Caminha que deixa ver o vínculo inquebrantável entre escrita e conquista, entre medição do território e posse da terra (não por acaso, Caminha era escrivão e "contador dos negócios portugueses"[1]). A carta de Caminha é um documento de produção de *estatalidade*: não só os conquistadores põem em cena – nessa primeira chegada – seu domínio sobre o outro, mas também, com a escrita, se apropriam de territórios, produzem autoridade e fundam tempos e espaços (toda a complexa semântica de 1492 é um exemplo disso: descobrimento, encontro, invenção...[2]). Nem bem chegaram às terras descobertas, os conquistadores a batizaram com o nome de Vera Cruz, em um ato de fala performativo, e desenvolveram toda uma cenografia que, em nome de um poder estatal, tomou posse dessas terras. A cenografia da fundação (estratégias de apropriação do poder político) é complementar à realização da primeira missa (formas de apropriação do poder religioso).[3] A liturgia, nesse caso, prevalece sobre o dogma que somente pode ser transmitido ao outro mediante uma performance na qual os conquistadores põem uma ênfase particular, pois não há palavra possível.

Pero Vaz de Caminha narra em detalhes a primeira missa em terras brasileiras:[4] "em maneira de procissão", levam a cruz e a colocam em um lugar estratégico. "Chantada a Cruz, com as armas e a divisa de Vossa Alteza [...] armaram altar ao pé dela." O altar impõe uma disposição espacial diferenciada em relação ao espaço indígena. Ou seja, trata-se de marcar essa diferença no espaço e comunicá-la aos nativos. "[...] e quando nos viram assim vir, alguns se foram meter debaixo dela [a cruz], para nos ajudar."

Se a posse religiosa faz uma qualificação do espaço, a ciência cartográfica realiza medições quantitativas que são fundamentais para a apropriação e ocupação da *terra incognita* (ou seja, incógnita porque se encontra fora do conhecimento ocidental). A carta de Caminha é abundante nessas medições: "vinte e cinco braças", "seis léguas", "dezenove braças", "17, 16, 15, 14, 13, 12, 10, 9 braças até meia légua da terra".[5] Já vão sendo dadas as coordenadas para fazer os mapas que serão ferramenta fundamental no domínio das terras descobertas. Junto ao lugar qualitativo que a cruz organiza, a quantificação do espaço que a cartografia realiza.

Montar um altar, então, é estabelecer um espaço de abertura, como o denomina Michel Foucault em seus textos sobre as heterotopias (2010, p. 28). No famoso quadro *A primeira missa no Brasil*, de 1861, Victor Meirelles imagina a cena retrospectivamente. Dispõe os participantes em uma série de círculos concêntricos, claramente hierarquizados, ao redor da cruz da qual Caminha fala. A cruz, que estabelece um espaço piramidal, ergue-se no centro e evidencia a transformação da natureza (a madeira das árvores que rodeiam a cena) em sacralidade religiosa. Os dois sacerdotes de branco estão situados no centro da composição: um adora a cruz e o missal, o outro se ajoelha e abaixa a cabeça. Se a carta de Caminha domina o território por meio da escrita (e isso se evidencia no uso intensivo dos dêiticos[6]), a missa se dirige aos outros mediante a performance da liturgia. Caminha percebe toda a cerimônia com clareza e faz uma descrição dos corpos nativos, que inesperadamente parecem aceitar a coreografia da nova ordem:

> Chantada a Cruz, com as armas e a divisa de Vossa Alteza, que primeiramente lhe pregaram, armaram altar ao pé dela. *Ali* disse missa o padre frei Henrique, a qual foi cantada e oficiada por esses já ditos. *Ali* estiveram conosco a ela obra de cinquenta ou sessenta deles, assentados *todos de joelhos*, assim como nós.
>
> E quando veio ao Evangelho, que nos *erguemos todos em pé*, com as *mãos levantadas*, eles se levantaram *conosco* e alçaram as mãos, ficando assim, até ser acabado; e então tornaram-se a assentar como nós. E quando levantaram a Deus, que nos pusemos *de joelhos*, eles se puseram assim todos, como nós estávamos com as mãos levantadas, e em tal maneira sossegados, que, certifico a Vossa Alteza, nos fez muita devoção.
>
> Estiveram assim conosco até acabada a comunhão, depois da qual comungaram esses religiosos e sacerdotes e o Capitão com alguns de nós outros.
>
> [...]
>
> Acabada a missa, *tirou o padre a vestimenta de cima e ficou em alva*; e assim se *subiu* junto com altar, em uma cadeira. Ali nos pregou do Evangelho e dos Apóstolos, cujo dia hoje é, tratando, ao fim da pregação, deste vosso prosseguimento tão santo e virtuoso, o que nos aumentou a devoção.

> Esses, que à pregação sempre estiveram, quedaram-se como nós *olhando para ele*. [...] (grifos nossos)

A necessidade de construir um espaço vertical e piramidal determina a posição dos corpos. As três conclusões apressadas que Pero Vaz de Caminha tira da atitude dos índios – "esta gente não lhes falece outra coisa para ser toda cristã, senão entender-nos", "nos pareceu a todos que nenhuma idolatria, nem adoração têm" e "todos [eles] serão tornados ao desejo de Vossa Alteza" –, certificam o êxito da cerimônia para transmitir o dogma. Caminha desconhece (tinham passado poucos dias desde que havia chegado às novas terras) que a *inconstância*, como apontará depois Vieira, é uma característica que os conquistadores encontrarão nos índios. Eduardo Viveiros de Castro destaca que, segundo Vieira, o grande obstáculo para a catequese dos "bárbaros da gentilidade" era "canibalismo e guerra de vingança, bebedeiras, poliginia, nudez, ausência de autoridade centralizada e de implantação territorial estável" (op. cit, pp. 188-189). A escrita, então, testemunho de uma constância (também com caráter legal), será um modo performático de ocupação estatal (ou seja, estável) do espaço.

O esquema vertical de adoração e elevação da autoridade (diante dos súditos ajoelhados) repete-se em algumas representações muito similares que foram feitas do padre Antônio Vieira nos séculos XVII a XIX. As datas indicam a persistência de uma imagem: nas gravuras, o padre Vieira aponta o céu com uma mão e pousa a outra no ombro de um dos índios que se ajoelham a seu lado. Em uma das versões, veem-se canoas com os índios e um papagaio. Em outra, uma representação da paisagem tropical mais verista. A imagem circulou em diferentes versões, algumas coloridas e até divulgadas em textos escolares. Há toda uma *hexis* que reproduz, em uma cena imaginária, a situação do sermão e do púlpito: o padre Vieira está no centro, domina a cena, e os olhos dos índios, ajoelhados e curvados, se elevam em direção a ele.[7] A cena combina proteção, condescendência e autoridade: a cenografia da missa fundadora mantém-se.

A vanguarda antropofágica deu um nome para essa situação que perpetuou um modo de dominação: chamou-a *catequese*. O verbo do Novo Testamento, *kat-echein*, do qual vem "catequese", significa fazer ressoar nos ouvidos a palavra divina, promulgar, transmitir, legar. É a forma da pedagogia que se vincula ao catolicismo. O Manifesto

Antropófago, de Oswald, em compensação, propõe uma contratransmissão a partir do ato. Quando se ergue contra a catequese, repetidas vezes, está propondo uma contrapedagogia antropofágica, já não baseada na ideia da autoridade que lega e sim do ato que liberta, do caminhar que inventa itinerários. O *Abaporu*, de Tarsila do Amaral, não faz outra coisa senão inverter essa hierarquia vertical e privilegiar o baixo, o dedão do pé, contra a cabeça que domina.[8]

Mas também é verdade que a carta de Caminha, assim como lega o verbo da catequese, igualmente revela outro modo de conceber o espaço: como trópico. Não foi por acaso que Oswald de Andrade reescreveu a carta, que Humberto Mauro a levou ao cinema em 1937, em *Descobrimento do Brasil*, e que os tropicalistas a citaram em "Tropicália", sua canção fundadora: "Quando Pero Vaz Caminha descobriu que as terras brasileiras eram férteis e verdejantes, escreveu uma carta ao Rei: tudo que nela se planta, tudo cresce e floresce. E o Gauss da época gravou!"[9] Diante da dominação católica do espaço, ergue-se a exuberância da natureza, o excesso de vida sem vergonha nem culpa que recorda o paraíso nunca vivido. A carta é o testemunho da fundação de um lugar de poder, de uma estratégia de dominação, mas também o anúncio de uma resistência a esse domínio:

o *trópico* revela-se como indomável, força do ignoto que arrasa todas as medições e esforços cartográficos. Dois modos fundamentais de ocupar o espaço (o do catolicismo luso e o da exuberância nativa) estão, pois, na "Carta de Pero Vaz de Caminha":

> Foi o Capitão com alguns de nós um pedaço por este arvoredo até uma ribeira grande e de muita água que, a nosso parecer, era esta mesma, que vem ter à praia, em que nós tomamos água.
>
> Ali ficamos um pedaço, bebendo e folgando, ao longo dela, entre esse arvoredo que é tanto, tamanho, tão basto e de tantas prumagens, que homens as *não podem contar*. Há entre ele muitas palmas, de que colhemos muitos e bons palmitos. (itálicos nossos)

Curiosamente, tanto a missa (a cruz) quanto o trópico ("nas mãos traziam arcos com suas setas") são evocados por uma das mais assombrosas ocupações do território da história brasileira: quando Lúcio Costa desenhou o plano piloto de Brasília, os dois eixos que se cruzam perpendicularmente foram interpretados como uma cruz, mas também houve quem os lesse como um arco e uma flecha, objetos próprios dos índios.[10]

Inventar o lugar

Talvez o livro seja uma das maiores heterotopias. Um objeto relativamente pequeno, que se pode segurar com as mãos, mas que contém infinitos espaços virtuais. Alguns clássicos da literatura brasileira inventaram uma fisionomia do espaço que conseguiu condicionar nossa percepção do real. Gilberto Freyre publicou *Casa-grande & senzala* em 1933 e realizou aí uma distribuição binária (a casa-grande dos senhores e a senzala dos escravos) que permitiu explicar o patriarcalismo que domina a espacialidade na sociedade brasileira. Esse binarismo não deve ser entendido de um modo dicotômico: Freyre recorreu a ideias da psicologia (depravação, masoquismo, sadismo, figura ambivalente do pai) para mostrar os vasos comunicantes, as dependências e os laços afetivos entre ambos os espaços.[11] É como se o próprio Brasil, para devir alegoria, precisasse de uma apresentação gráfica e espacial que tivesse a virtude de condensar inúmeras situações e práticas. A imaginação espacial que o livro punha em jogo foi tão poderosa que a primeira edição veio acompanhada por uma ilustração de Cícero Dias. O desenho é composto de duas partes: por um lado, em um canto, um plano arquitetônico anódino que domina o espaço com a objetividade das medições modernas. Por outro, e ocupando quase toda a ilustração, a evocação afetiva, bastante colorida, da casa-grande e da senzala, com crianças brincando e cenas de família.[12]

Os sertões, de Euclides da Cunha, outro clássico da literatura brasileira, mostra o avanço das armas e das letras sobre o que se apresenta como um vazio territorial (um "parêntese") para o desenvolvimento das tecnologias de objetivação, quantificação e esvaziamento dos mapas científicos e militares que se opõem à avaliação afetiva do território que os habitantes de Canudos fazem (lógica que se desintegra à medida que o livro avança, alterando a visão maniqueísta com a qual o périplo havia se iniciado). Também nesse caso, a espacialidade é tão forte que o livro é acompanhado por mapas, croquis militares e fotos que exibem tanto a dominação quantitativa e objetiva do terreno (os mapas militares) quanto os rostos humanos dos que foram massacrados (as fotos).[13] No final do livro, as fotos devolvem o que os mapas militares haviam apagado.

Porém, não só os ensaios modificam nossa percepção do espaço; há também as ficções, como as de Nelson Rodrigues com sua casa burguesa, a rua e o bordel, ou romances como *O cortiço*, de Aluísio Azevedo, com sua descrição naturalista dos novos espaços urbanos. Nossos deslocamentos pelas ruas ou pelas paisagens não são alheios ao que os ensaios e as ficções nos mostram ou nos fazem experimentar.

Existe uma pressuposição recíproca entre espaço e escrita. Nos anos 1950, os museus e as salas de concerto eram o espaço por excelência, espaços da autonomia em que a literatura criava seu público de acordo com critérios modernistas. E, embora isso tenha se dado em escala nacional, teve mais força em São Paulo, que se erigiu – com as Bienais, a flamejante Universidade e seu poder econômico – em um mirante para repensar as tradições nacionais. É preciso imaginar Antonio Candido caminhando por São Paulo, urbe já estabilizada, mas que encarava uma modernização vertiginosa, podendo observar a literatura brasileira como um processo já formado. Com o salto modernizador, o passado nacional aparecia como algo que, ao mesmo tempo que havia sido deixado para trás, devia ser decifrado. Também não é casual que tenha sido na São Paulo dos anos 1950 que os dispositivos de exposição das obras e de sua contemporaneidade tenham sido reelaborados – como mostra o desenho do display que Lina Bo Bardi fez para o MASP – e que tenha surgido um movimento de poesia – o Concretismo –, que, em diálogo com as artes plásticas, criou poemas já não para serem lidos em livros e sim (verticais) para serem expostos nas paredes dos museus modernizadores.

Se, no pós-guerra e nos anos 1950, a trama institucional havia sido fundamental para configurar o espaço, com o aparecimento das "reformas de base" no início dos anos 1960, o lugar praticado por excelência foi o *espaço público e comum* que devia ser modificado pela arte e a política (ou pela arte política). Agora importava menos sua modernidade que sua carga transformadora do social.

Durante toda a década, um dos espaços de exposição e intervenção por excelência foi o Aterro do Flamengo, nos arredores do Museu de Arte Moderna do Rio de Janeiro. Nem dentro do museu, nem muito longe dele: no umbral, ali onde se define o caráter artístico ou não de um objeto, onde a instituição não codifica, mas se deixa codificar pela vida e pelo usuário. Isso se deu sobretudo com as ações e os *Domingos da criação*, promovidos por Frederico Morais no Aterro.

Em meados da década, e com o crescimento dos meios de comunicação de massa, a televisão e a cultura do espetáculo se somaram aos espaços públicos urbanos e interagiram com ele, frequentemente modificando suas qualidades.

Com a televisão, as imagens audiovisuais entraram pela primeira vez na vida íntima e particular das casas: a divisão entre espaços públicos e privados já não era tão clara. E alguns artistas – sobretudo os músicos como Geraldo Vandré ou os tropicalistas – compreenderam e buscaram intervir na nova química que essa transformação proporcionava.

O sequestro do espaço público

O espaço público e a cultura do espetáculo desmoronaram estrepitosamente depois do AI-5, embora haja ainda uma insistência de alguns artistas – sobretudo nas artes plásticas – em sustentar o espaço público como lugar da performance.

O AI-5 restringia os direitos civis também em termos de espaço: "proibição de atividades ou manifestação sobre assunto de natureza política" e "proibição de frequentar determinados lugares", dizia o artigo 5º. O espaço que havia sido construído ao longo dos anos 1960, com a perspectiva da mudança social, foi sequestrado e isso provocou uma mudança no modo como ele era percebido, ocupado (quando se podia) e ressignificado. A reação primeira foi definida como *egotrip* ou retirada da vida pública (da ação política), mas, na realidade, os artistas não deixaram de intervir nesse espaço sequestrado, de compor planos, traçar linhas no tempo quebrado, na sensorialidade diminuída. As revistas da época costumam estar repletas de fotos das ruas e das reuniões que aconteciam nelas. Essas publicações funcionaram como arquivos das performances. Ao lê-las, o que se encontra frequentemente são eventos realizados, dos quais só sobraram restos frágeis. *Navilouca* abre e fecha com fotos de um grupo de desbundados na praia, que formam com grandes letras as palavras ALFA – ALFAVELA – VILLE.[14] O que resta como testemunho daquela tarde de sol e farra são as fotos de Ivan Cardoso. Algo similar ocorre com o *Almanaque Biotônico Vitalidade*: as fotos dos que fazem a revista, aos pés do Cristo Redentor, são um pálido testemunho da celebração que aconteceu. A performance ocorre apenas uma vez, depois se dissolve no ar, e a saudade é imediata.

Como diz o título da performance de Waly Sailormoon, Óscar Ramos e Luciano Figueiredo, *Environmental*, trata-se de fazer do ambiente um monumento, um espaço "mental" que modifique o *environment* (ambiente, contexto, entorno) tão hostil. Há toda uma área de intervenção do *environment* que se faz a partir do campo experimental, em que se utilizam tanto os poderes da poesia quanto os das artes plásticas: não é uma intervenção política, evidentemente, mas busca preservar uma área de criatividade no espaço público. São obras que se desenvolvem materialmente, ocupam um lugar, exigem uma interpretação ativa do espectador. Falsos monumentos não confirmam organizações hierárquicas, mas sim produzem um vazio e um eco de energias virtuais que se tornam ato. *Lute* de Rubens Gerchman, "Poemas visuais" de Lygia Pape e os *Babilaques* de Waly Salomão exploram a relação entre visibilidade e legibilidade em um espaço que, em consequência da ditadura, é cada vez mais difícil de alterar.

Há várias obras de Gerchman que incluem palavras: de *Lindoneia, a Gioconda dos Subúrbios*, de 1966, a *SOS* (várias versões de 1967) até *Americamerica*, homenagem a Oswald de Andrade, de 1969. Paralelamente, Gerchman vinha trabalhando com as "caixas para morar", nas quais lidava com a questão das dimensões. Em nenhum lugar se vê melhor os usos das dimensões, da cor e da linguagem que em *Lute*. Nessa obra, as letras têm um tamanho humano e suas dimensões dotam a palavra "lute" (a única que constitui a obra) de uma aura particular. Não se trata somente de ler a palavra, deve-se rodeá-la e girar a seu redor. Em cores vermelhas, as letras L, U e E são formadas com dois blocos, como se a potência do lema tivesse também certa precariedade. A palavra desafia o espectador, mas não a partir da página (em letras pequenas) nem em uma dimensão gigante (sublime) que pudesse provocar medo e paralisação: em sua dimensão humana, demasiado humana, a obra sintetiza em um só significante uma aspiração social e atua – assim queria Gerchman – como uma "guerrilha artística".

É impossível não ler a obra de Gerchman em diálogo com as passeatas da época contra a ditadura e a proliferação das palavras de ordem. No Brasil, os artistas mantiveram uma zona específica na qual esses slogans tinham um caráter antagônico e subversivo (recordemos "Guevaluta Baby" ou "Incorporo a Revolta" de Oiticica), mas também uma ambiguidade e indeterminação que incentivavam uma forte atividade de interpretação. Colocadas no espaço público, instauravam novos sentidos, nos quais as dimensões sensoriais da cor, o tamanho e as formas não são menores. A dimensão sensorial é fundamental nos "Poemas visuais" de Lygia Pape, que poderíamos definir como uma performance, mas da *linguagem*: as palavras tomam posição, adquirem forma, ocupam um espaço, se articulam com as coisas. *Isto não é uma nuvem* (1997), obra feita com madeira, náilon e texto, é um diálogo com Magritte, um convite ao tato e ao engenho do paradoxo. A caixa da qual a "nuvem" sai mostra o poder do campo experimental de signos: é *mais* que uma nuvem, é um mundo de sonho que se concretiza no espaço.

A concretização no espaço transforma-o em um *evento*, com um lugar e um tempo determinados, em uma obra que se abre ao fluxo do fora: em seus *Babilaques* (pertences de uma pessoa, que, na gíria dos anos 1970, significou documentos de identidade), com conotações babélicas, Waly Salomão pede que o "evento" dos babilaques (a "walestra") "não seja tratado como assunto fechado, coisa concluída" (2007, s/p). Escritas realizadas em bloco, não se transformaram em livros, e sim em slides que consistem em fotos do bloco em lugares diversos. Autodefinido como um "construtivista tabaréu", o poeta pede uma "abertura dum campo de experimentação da poesia". Esse campo de experimentação transforma a percepção do que nos rodeia como faz, por exemplo, com os "produtos de consumo": em "Mar" (texto: "e as sereias desaparecendo por falta de estímulos comerciais"), pega uma garrafa de Coca-Cola, recorta o traço do "c" que se assemelha à cauda de uma sereia e recorta a palavra "marca", deixando apenas "mar". Por meio dos redimensionamentos, dos enquadramentos visuais, da manipulação das palavras e da tipografia, Waly mostra porque é um "construtivista tabaréu". Pode ver o que o rodeia com um olhar virginal e construir nesse mundo mercantil o retorno inesperado da poesia.

A descrição que Arnaldo Antunes faz dos *babilaques* sintetiza as obras que, como as de Gerchman, Pape ou Oiticica, põem a linguagem em performance:

> A palavra impressa num livro não bate do mesmo jeito que a palavra escrita à mão num caderno, que não bate do mesmo jeito que a palavra escrita à mão num caderno num contexto (pedra, pano, carro, mangueira, balde, lata, livro, chão, cimento, roupas, papéis), que não bate do mesmo jeito que a palavra escrita à mão num caderno colocado num contexto e fotografado num ângulo, luz e enquadramento específicos. Ela passa a ser componente de uma outra linguagem (2007, p. 33).

Ninguém levou mais longe o *Environmental* proposto por *Navilouca* que *Cine Olho (Revista de Cinema)* em seu número 5/6, de junho de 1979. A publicação abre com fotos de um grupo de jovens levantando pedaços de ferro do que parece ser uma escultura e colocando-os em um caminhão. Em letras cursivas, lê-se: *"El grito deja en el viento una sombra de ciprés (Dejadme en el campo llorando)."* Trata-se do poema "¡Ay!" de Federico García Lorca. Em outra página, sob o título "A poesia esmagada", se reproduz uma nota de um jornal que conta como, com documentos falsos, alguns "delinquentes" roubaram a escultura de Flávio de Carvalho em 1978.[15] Porém, na mesma revista, há uma nota que explica que, na realidade, não se trata de "delinquentes" comuns, e sim da tentativa dos integrantes da revista e do Atelier Mãe's Janaína de tirar a escultura do depósito e restaurá-la. São sete páginas no total. A série fotográfica forma um G e um L em referência, obviamente, a García Lorca. Em um dos textos, lê-se: "não vacilar/ 11 anos enferrujando/ outra vez na *praça pública*" (itálico nosso). A performance, então, pode ser lida como uma tentativa de recolocar no espaço público o que o CCC (Comando de Caça aos Comunistas) havia querido suprimir. Não foi por acaso que essa ocupação do espaço recorreu à figura de Flávio de Carvalho como também o fizeram Eduardo Kac e o Movimento de Arte Pornô. Além do sentido claramente político do monumento ao grande poeta e vítima do fascismo, esses atos traziam novamente à cena um artista que havia realizado algumas de suas performances mais sugestivas no espaço público.

Flávio de Carvalho: um *performer* do espaço

A máquina performática acelerou seu funcionamento durante a época vanguardista. A ideia de experimento, tão central em seus programas, implicou ocupar espaços e testá-los a partir de um princípio (de experimentação) radical. Foi isso o que os modernistas fizeram, sobretudo os antropófagos, que privilegiaram as derivas do pé, antes que qualquer idealismo ou posição consagrada. Entretanto, durante os anos 1930, houve uma mudança no regime de visibilidade e legibilidade dos espaços públicos. Esse novo regime poderia ser denominado *política das massas* e implicou não só a necessidade de calcular – a partir do Estado e da sociedade civil – as emoções e as inclinações das multidões, mas também intervir nessa nova constelação. No Brasil, coube ao governo de Getúlio Vargas dirigir a política das massas, mas o fenômeno foi mundial, com o fascismo e o comunismo, com a mecanização capitalista, com os novos meios tecnológicos extraterritoriais. Esse regime de visibilidade ameaçava o poder dos letrados, já que a escrita começava a ceder frente a novas expressões, entre as quais se destacavam o rádio e o cinema. Roger Caillois chamou os intelectuais de "seres do crepúsculo": "Queríamos igualmente trabalhar em definir a barbárie que se organiza e chegará a ser civilização, traçar-lhe um estilo, propor-lhe um conteúdo, não abandoná-la totalmente à sua inércia, à sua inclinação, às suas tentações" (1942, p. 105).[16] No Brasil – além do aparecimento do líder Getúlio Vargas –, foram os anos das grandes mobilizações políticas do integralismo, mas foi também quando se instituiu o Carnaval: a visibilidade das massas era cada vez maior e múltiplos dispositivos intervinham para lhe dar forma. Não foi por acaso, então, que os artistas mais ansiosos para intervir a partir da esquerda (são os anos em que muitos vanguardistas aderem ao comunismo) tentaram ocupar esse espaço e ressignificá-lo. Do jornal *O Homem do Povo*, Pagu e Oswald de Andrade zombaram dos estudantes de Direito e provocaram um tumulto que levou seus opositores a se descontrolarem, se enfurecerem e tentarem um linchamento, ou seja, um delito (eles, guardiães da lei e da racionalidade). A estratégia de Oswald e Pagu exibia como, no espaço público, o linchamento era um sintoma dos tabus, das repressões e dos valores de determinados grupos sociais (nesse caso, os estudantes de Direito). Pouco tempo depois, Flávio de Carvalho realizou a Experiência nº 2, na qual caminhava na direção contrária à de uma procissão de Corpus Christi pelas ruas de São Paulo, sem tirar o chapéu, o que causou a ira dos peregrinos. Como em todas as suas performances, Flávio utilizou seu corpo como ativador do inconsciente das massas e a vestimenta como *signo* do campo experimental.

Na Experiência nº 3, que ocorreu em 18 de outubro de 1956, saiu às ruas de São Paulo com o traje tropical (o evento foi transmitido pela televisão e teve uma ampla repercussão nacional na mídia impressa).[17] A Experiência nº 4, finalmente, consistiu em uma viagem realizada em 1958, para entrar em contato com uma tribo do Rio Negro.[18] Como na anterior, estava previsto um registro fílmico, mas os conflitos que se originaram no grupo impediram sua realização. Uma viagem anterior, realizada em companhia do cineasta Mário Civelli, mostra as relações entre corpo, vestimenta e espaço em Flávio de Carvalho, que, não nos esqueçamos, era, além de pintor e arquiteto, engenheiro e gostava de apresentar-se como tal: "Naquela ocasião, despe-se para participar de uma dança e ao ser acompanhado por outros membros de seu grupo – que permanecem vestidos – queixa-se para o sertanista Francisco Brasileiro: 'Você acha que eu vim até aqui para dançar como cristão?'" (apud TOLEDO, 1994, p. 462)

Se a nudez é o núcleo de seu encontro com os índios, na cidade Flávio opera sobre a vestimenta: com o chapéu na procissão e com o New Look, em um traje que incorpora a nudez e o despoja de certos elementos não funcionais, que são apenas signos de prestígio ou decência, como a gravata. De fato, durante sua caminhada, Flávio conseguiu entrar em um cinema, onde era proibida a entrada de homens sem gravata. O trânsito do corpo, então, gera em sua performance três mutações espaciais: a dos saberes do observador (científicos), a do caráter localizado (e portanto contingente e cultural) de certas proibições e a potência da performance (e da arte) para produzir novos agrupamentos coletivos.

O resultado de sua imersão na procissão de 1931 foi o livro *Experiência nº 2, realizada sobre uma procissão de Corpus Christi: uma possível teoria e uma experiência*. A performance pode ser lida em termos de espacialidade não só pelas reações que Flávio vai provocando nos fiéis da procissão (ocasionando reagrupamentos, gestos, ações coletivas...), mas também pelo deslocamento que provoca no saber científico. No "Manifesto da Poesia Pau Brasil", lê-se: "Contra o gabinetismo, a prática culta da vida", e essa oposição se projeta em Carvalho em sua relação com os estudiosos das multidões, como Nina Rodrigues, que, em 1898, havia publicado "A loucura das multidões" nos *Annales médico-psiquiátricos*. Se o saber do sociólogo, ou do psiquiatra, estava garantido pela distância de seu objeto, Flávio propõe que o espaço no qual se produz o saber não é o gabinete, e sim a própria rua: não se deve manter distância da multidão e ter acesso a ela através dos livros, e sim inserir-se nela e experimentar seus medos e suas ficções. Trata-se de "ver alguma coisa do inconsciente" (CARVALHO, 2001, p. 16). Não faz somente introspecção (como recomendavam os filósofos) nem observação distanciada (como um higienista) nem se baseia na documentação (à maneira de um sociólogo), mas sim realiza a experiência do conhecimento "no perigo das ruas e não na masturbação dos gabinetes", para dizer com as palavras de Jorge Amado (1992, pp. 236-241).[19]

Para Flávio de Carvalho, então, o pesquisador deve manter distância de algumas coisas, mas perde na produção de conhecimento se não mergulhar em seu objeto e não o ativar para observar ou sofrer suas reações. Trata-se, de algum modo, de que sujeito e objeto sejam afetados em um espaço determinado e em seus próprios corpos pelos tabus e pelas interdições sociais (e, complementarmente, pelos efeitos da transgressão e o levantamento das repressões). O espaço adquire assim uma dimensão inaudita: revelado em sua contingência e em suas formas, Flávio de Carvalho propõe-se a romper com a disposição hierárquica, cúmplice do poder, para pôr em cena novas distribuições. Na proliferação de vestimentas convencionais da cidade, seu traje traz o trópico, a exuberância e o excesso que já estavam na "Carta de Pero Vaz de Caminha".

O traje do New Look é repleto de aberturas. É composto de blusa e saiote, com sandália e pernas à mostra, ou com meia arrastão. As aberturas, para Flávio, eram a sobrevivência da moda mais durável: a do homem em farrapos que revela o "estado anti-hierárquico de começo".[20] Em uma conferência de 1967, defendeu que o traje "foi um prognóstico feito há 11 anos atrás, de acontecimentos que se estão iniciando hoje", fazendo referência às vestimentas dos hippies, também repletas de aberturas, anticonvencionais, que deixavam ver o corpo, rememorando o homem em farrapos. A performance de 1956, então, propunha-se a pôr no espaço urbano um novo corpo que ativasse situações potenciais. Como se a performance fosse um estado virtual dos corpos e dos espaços, que atualizado, modificará o presente para dar lugar a elementos reprimidos, ocultos ou marginais. A performance desmancha-se no ar, mas qualquer espaço nunca mais será o mesmo depois de uma boa caminhada.

Saraus: do salão da elite ao bar do povo

No século XXI, o crescimento da internet alterou a noção de espaço, mas a lógica de visibilidade, estratificação e ocupação continua firme. Nenhum lugar mostra isso melhor do que a experiência dos saraus: em territórios abandonados pelo Estado (as favelas), nos quais a degradação social desemboca em um permanente fora da lei, a tática não consistiu em pedir ajuda da polícia nem na intervenção das forças armadas, e sim em ocupar espaços com uma palavra que escapa dessa lógica binária: a palavra literária, fora da lei, mas não contra ela. Os lugares foram os bares, espaços semipúblicos que em princípio eram locais de reunião da freguesia para beber. Sérgio Vaz, do Sarau da Cooperifa, em entrevista a Lucía Tennina, estudiosa da literatura marginal, disse:

> O espaço que o Estado deixou para nós é o bar, aqui não tem museu, não tem teatro, não tem cinema, não tem lugar para se reunir, e o bar é o nosso centro cultural, onde as pessoas se reúnem para discutir os problemas do bairro, aonde as pessoas vêm se reunir depois do trabalho, onde as pessoas se reúnem quando vão jogar bola, ou

> quando é um aniversário, se reúnem para ouvir e tocar samba, então o bar é a nossa ágora, a nossa assembleia, o nosso teatro, tudo, a única coisa que o Estado deixou para nós foi o bar, então a gente ocupou o bar. É só isso o que a gente tem, então, é isso o que vamos transformar (apud TENNINA, 2013, pp. 11-28).

Segundo Tennina, Sérgio Vaz instaurou o *modus operandi* dos saraus, a partir do qual, desde 2001, surgiram muitíssimos outros, formando um "mapa afetivo". "Nesse sentido, os estigmatizados bairros do Capão Redondo, Campo Limpo e Brasilândia, por exemplo, passam a ser chamados de 'o bairro do Sarau da Vila Fundão', 'o do Sarau do Binho', 'o do Sarau Poesia na Brasa'" (ibidem). Os saraus (termo que designa tertúlias literárias e que remonta há vários séculos) se transformaram em uma "cerimônia ritual" – nas palavras de Tennina – na qual os habitantes falam de suas vidas e suas experiências.

A performance não passa, no caso dos saraus, pelo campo experimental: não se trata de avançar para a produção de novos tipos de signos, mas sim de utilizar todos os gêneros já estabelecidos que tenham a ver com a expressão de uma subjetividade, dos depoimentos aos poemas. O corpo que recita não só se coloca como testemunha de uma vida (e um pertencimento social), mas também dota os textos de inflexões coloquiais, gestos da rua e, frequentemente, um ritmo de rap e hip-hop que combina oposição e pertencimento. Gêneros muito cifrados, o elemento central são os corpos que tornam visíveis sua decisão de ocupar um lugar e dizer algo sobre si. O campo experimental não tem a ver com a radicalidade das linguagens artísticas: a experimentação é dada em relação com a instituição e com o que ela deixa ver e dizer. Em uma literatura tão elitista como a brasileira, os saraus representam o momento em que a senzala e o quarto de despejo[21] tomam a palavra. E isso não poderia ser feito somente nos livros: era necessário pôr em funcionamento a máquina performática.

NOTAS

1. A carta foi escrita em 1500, mas foi conhecida somente por uma cópia que o arquivista da Torre do Tombo de Lisboa, José de Seabra Silva, fez em 1773. Em 1817, foi publicada na *Corografia brazílica* (1817), editada por Manuel Aires de Casal. Trata-se de cópias expurgadas (o que é censurado tem a ver, em quase todos os casos, com a falta de vergonha). Ver o excelente prefácio de Isabel Soler, em *Carta del descubrimiento de Brasil* (2008, p. 29 e ss).
2. "Descobrimento" é o termo tradicional; "encontro" foi o que a Espanha utilizou durante as comemorações do quinto centenário; "inven-

ção" foi adotado pelo ensaísta mexicano Edmundo O'Gorman em seu livro justamente intitulado *La Invención de América* (1977).

3. Foi importante para a redação deste capítulo a distinção feita por Michel de Certeau entre "lugar" ("configuração instantânea de posições") e espaço ("lugar praticado"); entre "estratégias" (práticas para a conservação de um poder, com uma duração de longo alcance e domínio de espaço e tempo) e "táticas" (espaço não próprio que se tenta transformar mediante atos). Ver *L'Invention du quotidien: 1. arts de faire* (1980).

4. "A Carta de Pero Vaz de Caminha." Disponível em: http://objdigital.bn.br/Acervo_Digital/Livros_eletronicos/carta.pdf. Todas as citações do documento provêm dessa fonte.

5. A légua oscila entre 4 e 7 km; a braça é uma unidade de longitude náutica para medir a profundidade da água.

6. Por exemplo, entre muitos outros: "e *ali* com todos nós outros fez dizer missa, a qual foi dita pelo padre frei Henrique."

7. *Hexis* é o termo aristotélico que Pierre Bourdieu redefiniu como "uma maneira de manter e levar o corpo" (1999, p. 190).

8. Pode-se ler também, com base nessa proposta, o aparecimento da cruz, os enquadramentos em contraplongé e a composição do quadro em *Terra em transe*, de Glauber Rocha, que faz uma crítica corrosiva dessa verticalidade.

9. A canção integra o primeiro disco de Caetano Veloso (Philips, 1967).

10. Como parte da luta pela ocupação simbólica do espaço material traçado, o número de 7 de maio de 1960 da revista *Manchete* é integralmente dedicado à nova capital. Os textos destacam o caráter épico-religioso de sua construção: "Brasília – segundo a saudação de João XXIII – há de constituir um marco miliário na história já gloriosa da terra de Santa Cruz." No poema de Guilherme de Almeida, lido por ocasião da fundação da cidade, declara-se: "O Centro da Cruz

Tempo-Espaço." Lúcio Costa também se refere à cruz, mas o fato de que um dos eixos esteja curvado deu lugar à sua interpretação como arco e flecha. Ver Francisco Bullrich. "Ciudades creadas en el siglo XX: Brasilia" (1972, p. 132).

11. Darcy Ribeiro, em sua análise da obra, destaca a "tara direitista gilbertiana" e critica o que vê como um "sadismo do branco, masoquismo do índio e do negro" (2002, p. 1029).

12. Em "Como e por que escrevi *Casa-grande & senzala*", Freyre conta sobre a ilustração de Cícero Dias: "O magnífico desenho de casa, tão característica, traçou-o o artista à base de croqui em que lhe sugeri, eu próprio, fixar os vários aspectos, quer da convivência, numa casa daquele tipo, quer das relações de seus moradores com animais e plantas" (2002, p. 714).

13. Por um lado, um Estado codificador com uma grande capacidade de abstrair o espaço e quantificá-lo (torná-lo coisa científica). Por outro, vivências concretas do espaço, com táticas territoriais dos habitantes de Canudos. Mas, de outro ponto de vista: Euclides e aqueles que, mesmo incorporando esse poder estatal (o corpo *não fica de fora*), podem criticá-lo; e a supercodificação religiosa que atravessa Canudos com uma desvalorização do elemento terreno e um espaço messiânico prometido (o céu).

14. A performance se intitula, segundo se registra na revista, *Environmental*, e os autores são Waly Sailormoon, Óscar Ramos, Luciano Figueiredo e Ivan Cardoso.

15. O monumento foi inaugurado em 26 de setembro de 1968 e a escultura foi atacada várias vezes. "Na madrugada de 26 de julho de 1969, cerca de 30 jovens de um grupo intitulado 'Comando de Caça aos Comunistas', armados de metralhadoras, intimidaram o guarda-noturno e durante quatro horas, ao alarido de gritos selvagens, serraram e destruíram o Monumento a García Lorca na Praça das Guianas em São Paulo. Tratava-se do primeiro monumento do mundo ao poeta

fuzilado na guerra civil espanhola. O gesto repercutiu mal na população... A reconstrução foi feita aguardando a colocação em lugar adequado. O monumento reconstruído foi reposto na XI Bienal de São Paulo e, atualmente, se encontra ignorado num depósito da Prefeitura" (ver a biografia incluída em Flávio de Carvalho. *A origem animal de Deus*. 1973, p. 128). Depois de novo restauro, a obra foi reinaugurada na praça das Guianas em 10 de janeiro de 2012.

16. Flávio de Carvalho conheceu Roger Caillois em um congresso em Praga em 1934. Esse texto pertence a seu livro *La roca de Sísifo*. 1942.

17. Para uma reconstrução das performances de Flávio de Carvalho, utilizamos a biografia de Rui Moreira Leite. *Flávio de Carvalho: o artista total*, 2008.

18. Não se sabe com exatidão o que foi a primeira experiência. Segundo o depoimento de Sangirardi Jr., a Experiência nº 1 consistiu em que Flávio se atirou em um rio e fingiu que estava se afogando. A ideia era ver a reação dos transeuntes, mas aparentemente ninguém o acudiu. Com uma lógica que relaciona a arte com a vida, a primeira experiência estava relacionada à sobrevivência e a sua relação com os outros (Sangirardi Jr, 1983, p. 73).

19. Texto dedicado a Flávio de Carvalho em *Navegação de cabotagem*.

20. Citação completa: "De tempos imemoráveis o homem em farrapos é um desclassificado, um posto de lado pela sociedade. Ele é o totalmente sem classe e sem hierarquia por ser o último [...] ele está em estado semelhante a um estado anti-hierárquico de começo" (2010, p. 85).

21. Com "quarto de despejo" fazemos alusão, evidentemente, ao texto de Ana Carolina de Jesus, *Quarto de despejo. Diário de uma favelada*, publicado em 1960, que representou um marco na medida em que punha na cena pública a voz de uma favelada.

4. A máscara e a pose

Máscara e *pose* são dispositivos da modernidade literária, pautados por uma tensão entre a vida pública, a instituição, o escritor e o mercado. Embora à primeira vista possam parecer semelhantes, e frequentemente funcionem de modo complementar, os termos designam fenômenos distintos. A *máscara* precisa de discurso. Ela é constituída por uma textualidade que inclui não só a obra poética ou ficcional, mas também todo texto ou discurso público do escritor. A *pose*, em compensação, envolve o corpo: a vestimenta, os gestos, certos trejeitos, a frequentação de determinados lugares, na medida em que esses aspectos adquiram um estado público. Nem a *máscara* nem a *pose* são criações estritas do escritor, embora os escritores saibam – apesar do que afirma Michel Foucault – que o nome de autor possui a leveza de uma borboleta, e que a menor corrente de ar o move e transforma toda a cadeia. Também não funcionam separadamente, mas se misturam e se potencializam o tempo todo. Em tempos de Facebook, a cor dos olhos de Pierre Dupont pode ser de suma importância para que se leia sua produção escrita.[1] Em resumo, *máscara* e *pose* constituem núcleos de sentido conflitantes, dos quais participam a instituição literária (críticos, prêmios, feiras, conferências, universidades etc.), o mercado (editoras, livrarias, contratos, publicidade, acordos com a instituição literária, sem dúvida), o próprio escritor e sua obra ficcional e poética, que as modificam, ao mesmo tempo que são modificados.[2]

Em 1983, Paulo Leminski publicou seu consagrador *Caprichos & relaxos*. Em "Um dia", um dos poemas do livro, apresenta-nos a trajetória descendente de um poeta com aspirações universais:

> um dia
> a gente ia ser homero
> a obra nada menos que uma ilíada
>
> depois
> a barra pesando

> dava pra ser aí um rimbaud
> um ungaretti um fernando pessoa qualquer
> um lorca um éluard um ginsberg
>
> por fim
> acabamos o pequeno poeta de província
> que sempre fomos
> por trás de tantas máscaras
> que o tempo tratou como a flores.
> (2013, p. 71)

Esse poema, como tantos outros de Leminski, nos permite pensar em suas estratégias de autoapresentação: uma certa ideia do fracasso, uma tendência à entrega e ao sacrifício pela poesia, e evidentemente uma falsa modéstia. Entretanto, não podemos esquecer que Leminski foi uma figura midiática, um escritor contratado pela editora Brasiliense para escrever uma série de biografias sob encomenda,[3] um poeta que teve seu próprio programa de televisão e que trabalhou durante anos como publicitário. Ou seja, um escritor que conhecia os meandros do mercado e das políticas editoriais e culturais.[4] Entretanto, seria um erro pensar aqui em termos de "verdade" ou "falsidade". Não há nada para desmascarar em Leminski, nem em nenhum outro escritor: não há um por trás da máscara. Pensamos, mais exatamente, que tanto a *máscara* quanto a *pose* produzem, *performativamente*, efeitos de "verdade" ou de "falsidade", de autenticidade e afetividade, no interior de uma vasta cadeia discursiva sempre sujeita a reconfiguração.

Caprichos & relaxos coincidiu com a volta da democracia e fez parte da recuperação consagradora que a editora Brasiliense realizou de alguns poetas dos anos 1970. A obra era em si mesma uma compilação de livros anteriores, aos quais Leminski somou um conjunto de poemas inéditos, produzindo um efeito de "obra completa" que estimulava uma releitura de sua produção e o recolocava em um contexto cultural e político transformado. A editora Brasiliense, que nesses mesmos anos também publicou Waly Salomão, Ana Cristina César e Cacaso, utilizando o mesmo critério adotado com Leminski, propunha sua própria releitura sobre parte da produção poética dos anos 1970, por exemplo, apagando as posições diferenciadas que esses poetas ocuparam, ao colocá-los em uma mesma coleção.

Leminski fez um efetivo desenho de sua pose, que a canonização retrospectiva de sua obra continuou utilizando depois de sua morte. Durante sua vida, esculpiu-a em jornais, programas de televisão, entrevistas, leituras e recitais. A canonização retrospectiva[5] recorreu, além de sua poesia, a seu caráter de poeta maldito e erudito ao mesmo tempo. A biografia de Toninho Vaz, por exemplo, somou aos relatos que descreviam uma vida intensa, uma enorme quantidade de fotografias que aumentaram o culto à sua figura. Assim como essa biografia, a terceira edição do romance *Catatau* também inclui fotografias: Leminski nu, Leminski em companhia de Caetano Veloso e Gilberto Gil, Leminski de quimono ou com um casacão preto e aspecto semelhante a Allen Ginsberg. Em todas elas, observamos uma constante: o bigode basto, que com o passar dos anos se tornou um verdadeiro *logotipo*. Em *Caprichos & relaxos*, a imagem de Leminski aparece duas vezes.[6] A primeira, ilustrando o poema "Kamiquase", em que o vemos com um quimono, segurando uma espécie de caderno e uma caneta. Seu corpo está virado para a esquerda, mas seu rosto observa a câmara de frente. O poema consta de título, ou talvez devêssemos dizer "título-verso", e foto, e o efeito da relação entre texto e imagem é, mais que icônico, cômico, tendo-se em conta a ideia de que "kamiquase" significaria algo assim como "quase kamikaze", o que é contradito pela presença do caderno e da caneta. No final do livro, a imagem se repete, mas recortada. Vemos apenas a metade do corpo de Leminski. O rosto, embora não esteja em primeiro plano, torna-se aqui o mais importante. Em *Distraídos venceremos* (1987), último livro que publicou em vida, voltamos a encontrar sua imagem, mas desta vez é um desenho, mais exatamente um croqui, de seu rosto, no qual volta a se destacar a exuberância de seu bigode. Em 2013, a editora Companhia das Letras reeditou sua poesia completa e, em um procedimento metonímico, estampou o desenho de seu bigode na capa do livro.

Esse bigode basto parece encarnar o signo de uma vida exuberante que combinou o excesso e a tragédia, mas também uma espécie de assinatura singular para uma produção singular.

No presente, em compensação, marcado por feiras internacionais de literatura, simpósios organizados por fundações culturais patrocinadas por bancos e uma série interminável de feiras de livros, *máscaras* e *poses* necessariamente são redefinidas. Onde estão as exuberâncias de antes? Ainda podemos nos deparar com um escritor dândi como João do Rio,[7] com um vampiro no estilo de Torquato Neto ou com uma esfinge como Clarice Lispector? A *pose* predominante no presente parece ter perdido o gesto teatral ou maldito de antes, como se a *pose*, no presente, consistisse em não ter *pose*. O desafio do escritor futuro consistirá no desenho de sua persona de escritor em meio a este novo ecossistema literário e cultural.

On demand

Desde 2000, a vida literária no Brasil tem exigido cada vez mais a presença física do autor, ao mesmo tempo em que sua projeção virtual, e vem transformando os modos de gestão de *máscaras* e *poses*. O eixo presencial compõe-se de um número crescente de feiras de livros nacionais e internacionais, onde os escritores autografam exemplares ou falam sobre seu ofício: feiras literárias como as de Porto Alegre, São Paulo e Rio de Janeiro, mas também as de Frankfurt e Guadalajara; simpósios organizados por diversas instituições (Itaú Cultural, Instituto Moreira Salles, Oi Futuro) e lançamentos individuais de seus próprios livros. O virtual consiste nos perfis que os escritores possuem no Facebook, com informações que combinam a autopromoção, a discussão e a minúcia cotidiana, e na escrita de blogs, que podem ser pessoais ou estar hospedados nos sites das editoras que publicam seus livros (alguns recorrem também à fugacidade do Twitter). A transformação dos modos de gestão de *máscaras* e *poses* também se vincula ao crescimento do mercado literário, no qual desempenham um papel fundamental os substanciosos prêmios e editoras como Companhia das Letras, Rocco ou CosacNaify. Cresce a demanda de escritores que, no mundo virtual e no outro, se transformam em empresários de si mesmos, muitas vezes acompanhados por agentes literários que atuam como intermediários, conselheiros e representantes das exigências de um mercado que requer ritmos de criação regulares e inspiração contínua. Não só são determinados prazos de entrega, mas também são organizadas coleções em que os escritores devem escrever sobre um tema específico, como ocorre com as coleções *Amores expressos*, *Primeira pessoa* ou *Plenos pecados*, entre muitas outras.[8]

A coleção *Amores expressos*,[9] idealizada pelo produtor cultural Rodrigo Teixeira e pelo escritor João Paulo Cuenca, foi editada pela Companhia das Letras e é um bom exemplo para pensar todas essas mudanças. O projeto consistiu na seleção de dezessete escritores brasileiros, enviados durante um mês a diversas cidades do mundo: Buenos Aires, Nova York, Tóquio, Paris, Cairo, entre outras. Durante suas viagens, deveriam manter um blog, e foi produzido um documentário sobre a estadia de cada um deles, exibido pela

TV Record. A partir dessa viagem, os escritores deveriam escrever um romance que narrasse uma história de amor. Como última etapa do processo, esses romances poderiam transformar-se em roteiros cinematográficos que seriam filmados. Até o momento, foram publicados onze romances, dez pela Companhia das Letras e um pela Rocco (previamente recusado pela Companhia das Letras); foi filmado *Estive em Lisboa e lembrei de você*, de Luiz Ruffato, e se encontram em preparação os roteiros dos romances de Daniel Galera, *Cordilheira*, e de Bernardo Carvalho, *O filho da mãe*. Neste último caso, o roteirista contratado é Julian Fellowes, criador da série inglesa *Downton Abbey*.

Um dos debates gerados pelo projeto girou em torno do fato de que se pretendia financiá-lo parcialmente com a Lei Rouanet, de incentivo fiscal. Devido à polêmica que se desencadeou, essa fonte de financiamento acabou não sendo utilizada. Não foi questionado apenas o uso de dinheiro público para financiar viagens de escritores, mas também o critério de seleção e até a escolha das cidades. A jornalista Raquel Cozer publicou um artigo descritivo no caderno "Ilustríssima", da *Folha de S. Paulo*, o qual intitulou "O romance brasileiro na era do marketing", sobre esse e outros projetos similares, pondo o foco na transformação que vem ocorrendo no campo literário do presente. A primeira polêmica é importante na atual encruzilhada, pois mostra como os escritores devem negociar com o mercado e com o Estado, e de que maneira, às vezes, os interesses dos três atores confluem e outras vezes se tornam incompatíveis. Entretanto, fica claro que tanto as editoras quanto o Estado cumprem um papel cada vez mais ativo na demanda e podem decidir sobre espaços, financiamentos, eventos e até sobre o tema, como essas coleções mostram. A pergunta é: até que ponto as demandas do mercado e das políticas culturais intervêm em processos que às vezes são mais difíceis de perceber, como as técnicas narrativas, a linguagem, as poéticas e as imagens do escritor? A legibilidade, o *punch* narrativo, os tempos de composição e até a duração são condições que fazem parte de uma coleção.

O conceito de "livro sob demanda" que esse projeto implicou não necessariamente desvaloriza o resultado (a literatura por encomenda remonta a tempos muito antigos e muitos livros que lemos hoje como clássicos tiveram sua origem em um pedido). Paulo Leminski escreveu quatro biografias por encomenda, e Clarice Lispector, seu famoso livro de contos "pornográficos", *A via crucis do corpo*, que provocou a seguinte reflexão da escritora:

O poeta Álvaro Pacheco, meu editor na Artenova, me encomendou três histórias que, disse ele, realmente aconteceram. Os fatos eu tinha, faltava a imaginação. E era assunto perigoso. Respondi-lhe que não sabia fazer história de encomenda. Mas – enquanto ele me falava ao telefone – eu já sentia nascer em mim a inspiração. A conversa telefônica foi na sexta-feira. Comecei no sábado. No domingo de manhã as três histórias estavam prontas: "Miss Algrave", "O corpo" e "Via Crucis". Eu mesma espantada. [...] Só peço a Deus que ninguém me encomende mais nada. Porque, ao que parece, sou capaz de revoltadamente obedecer, eu a inliberta.

Uma pessoa leu meus contos e disse que aquilo não era literatura, era lixo. Concordo. Mas há hora para tudo. Há também a hora do lixo (1974, p. 11).

Existe alguma diferença entre esses antecedentes e o projeto *Amores expressos*? O fato de ser um projeto que envolveu vários escritores, muitos deles jovens e com poucos livros publicados, e que, além disso, foi levado adiante por uma das principais editoras do país, acrescenta um dado quantitativo que estabelece uma primeira diferença. Sua instrumentalização – viagem, blog, romance, roteiro e filme – dota-o de uma dimensão midiática inédita que a literatura brasileira não havia conhecido até aquele momento. Isso não significa, obviamente, que de um romance nunca tivesse surgido um filme, ou que antes nenhum escritor tivesse viajado, convidado por uma editora. O que é inédito nesse caso é a articulação e a programação conjunta de todas essas etapas e seu caráter coletivo, que permite pensar em uma alteração do lugar que as editoras haviam ocupado tradicionalmente e observar o surgimento da figura do curador que idealizou o projeto. É como se a literatura fizesse parte de uma linha de montagem que termina em um filme e se organizasse como uma mostra de arte com um curador e um tópico disparador.

Editora e curador assumem então um maior protagonismo. Entretanto, a figura do escritor também cresce. O fato de que um grupo numeroso tenha mantido um blog durante um mês, expondo cotidianamente experiências e opiniões na rede, trocando mensagens com seus leitores, o comprova. Se ao espaço virtual – blog, Facebook e também Twitter – forem somadas as feiras literárias nacionais e internacionais, os eventos organizados por instituições culturais, evidencia-se que a presença *física* do escritor é cada vez mais solicitada. Em diálogo ou em conflito com esses espaços, inseridos em circuitos globais, *poses* e *máscaras* se redefinem e se tensionam, entre as demandas de uma cultura atravessada por estratégias de marketing de tipo empresarial e o gesto autoral que busca para si certa singularidade. Boris Groys afirmou que "se um artista consegue transpor o sistema da arte, começa a funcionar do mesmo modo como já funcionam os políticos, heróis esportivos, terroristas, estrelas de cinema e outras pequenas ou grandes celebridades: através dos meios de comunicação" (2014, pp. 38-39). Mas é necessário ir além, ou inverter o raciocínio: mais do que atravessar o sistema da arte e da literatura, foi o próprio sistema que adotou a lógica dos meios de comunicação. A literatura torna-se espetáculo e este também impõe suas regras.

O blog que os escritores de *Amores expressos* deveriam escrever é um exemplo que permite observar essa tensão.[10] Como suporte informático para anotações pessoais de qualquer tipo, o blog gerou transformações irreversíveis nos modos de pensar a relação entre o íntimo e o público. Sucedâneo do diário íntimo, produziu a intimidade como espetáculo. Como afirma Diana Klinger:

O avanço da cultura midiática de fim de século oferece um cenário privilegiado para a afirmação desta tendência. Nela se produz uma crescente visibilidade do *privado*, uma espetacularização da intimidade e a exploração da lógica da celebridade, que se manifesta numa ênfase tal do autobiográfico, que é possível afirmar que a televisão se tornou um substituto secular do confessionário eclesiástico e uma versão exibicionista do confessionário psicanalítico. Assistimos hoje a uma proliferação de narrativas vivenciais, ao grande sucesso mercadológico das memórias, das biografias, das autobiografias e dos testemunhos, aos inúmeros registros biográficos na mídia, retratos, perfis, entrevistas, confissões, talk shows e reality shows; ao surto dos blogs na internet... (2007, pp. 22-23).

De uma perspectiva espetacular, em pleno auge do reality show *Big Brother Brasil*,[11] muitos dos blogs de *Amores expressos* podem ser pensados como *espetáculos de intimidade criativa*. A lógica de sua existência tinha algo do diário de bordo "ao vivo", como se por intermédio dessas anotações fosse possível observar os escritores em plena criação: o espetáculo da arte ao alcance da mão. Mas foram efetivamente um espetáculo de criação ao vivo? Como os escritores viajantes lidaram com essa exigência nesse suporte? Luiz Ruffato, por exemplo, fez apenas quatro *posts*, todos muito breves, e escreveu no último:

> Descubro frustrado que realmente não tenho vocação para blogueiro... não vejo nada de interessante que possa ser comunicado aos outros... Lisboa tem sol, mas não calor ainda... tem luz e cheiro de sardinha nas ruas, encontro com os amigos, converso com eles sobre projetos, mas nada que gostasse de dividir... sinto que em minha vida de viajante nada ocorre de interessante...[12]

A vida de escritor foi substituída pela "vida de viajante" e nesse tornar-se turista não ocorre nada de interessante: a escrita não pode ser espetacularizada. As estratégias de autoapresentação foram diversas e algumas contradiziam o imaginário da viagem de autor. A admissão de Ruffato de sua frustração como *repórter* em um país estrangeiro, a crítica de Joca Reiners Terron ao Cairo, cidade na qual esteve, a evidente ficção que Lourenço Mutarelli construiu em Nova York. Também apareciam outras questões, refletia-se sobre o próprio suporte da escrita, sobre a forma de inserir-se em uma cidade estrangeira: as primeiras impressões de Daniel Galera reconheciam em Buenos Aires um ar familiar com sua Porto Alegre natal; João Paulo Cuenca, de

Tóquio, postava fotografias de livros e falava da felicidade de não saber lê-los; Paulo Scott, de Sidney, prometia não fazer contato com outros brasileiros lá; Daniel Pellizzari narrava as dificuldades com as autoridades da imigração para sua entrada na então próspera Dublin. Os escritores entram em um mecanismo no qual os obstáculos crescem: a escrita *expressa*, que surge de um tempo também expresso, na medida em que contavam com apenas um mês de estadia paga na cidade à qual tinham sido enviados. Deve ser rápida e chegar ao destino, sob encomenda e explícita. O cenário é construído pela editora e os escritores devem atuar nele por contrato. Nesse contexto, os escritores respondem com ficções que podem exceder o desafio que o mercado impõe a eles, respondendo não expressamente. Como ler os subornos e a circulação de dinheiro em *O filho da mãe*, de Bernardo Carvalho, senão como modo de sobreviver em um mundo hostil, o da guerra da Tchetchênia (ou o do capitalismo periférico)? O que significa, no contexto da coleção, a transformação do narrador de Ruffato em alguém sem documentos que atravessa a Lisboa turística para retratar o mundo do trabalho precário? Entretanto, é curioso que as reflexões sobre o ato de escrever estejam menos presentes no romance que nos blogs: como se estes exibissem o escritor em sua precariedade e o romance se revelasse um lar no qual o escritor se sente a salvo.

De todo modo, há, na estratégia editorial da coleção, além da cena de sujeição (que o bom escritor deve superar ou problematizar), uma geopolítica da cultura literária. Diante da atitude de *cosmopolitismo periférico* que dominou a cultura latino-americana do século XX, a coleção aposta em um *cosmopolitismo limítrofe* que não passe pelas metrópoles tradicionais na produção de saber e criatividade.[13] Tóquio, Cairo, Tchetchênia, Sydney e Dublin (a cidade por excelência do cosmopolitismo limítrofe) somam-se a Paris, Nova York e Lisboa. A estranheza é a marca de alguns dos textos: como quando se ouve João Gilberto em um Dunkin' Donuts de Tóquio, em *O único final feliz para uma história de amor é um acidente*: "Gosto do ascetismo musical do brasileiro João Gilberto, ainda que não entenda nada absolutamente nada do que ele está dizendo" (CUENCA, 2010, pp. 45-46).

Uma parte importante da nova literatura brasileira, incluídos os autores de *Amores expressos*, trabalha com gêneros – policial, fantástico, suspense – e propõe histórias urbanas, protagonizadas por jovens de classe média. Desse modo, rejeita a *demanda de pobreza* que o mercado internacional pode exigir de um país como o Brasil. Indiferentes a essa demanda, também não se observam referências à tradição de experimentação que inaugurou o Modernismo. Que pose, quer dizer, que tipo de figura pública, e que gestualidade, e que máscara, quer dizer, que tipo de escrita, e que intervenções discursivas públicas esses jovens escritores construíram para sustentar essa produção que aposta na construção de histórias e personagens? Em entrevistas, crônicas e blogs, seus interesses se referem não só a questões literárias de tipo crítico ou técnico, mas também a diversos aspectos da vida literária, como as viagens de divulgação, tal como se observa no seguinte *post* do blog que Carol Bensimon mantém no site da Companhia das Letras:

> Cheguei ontem em Los Angeles e tive a oportunidade de conversar com os alunos do querido José Luiz Passos na UCLA. O nome oficial da disciplina que o Zé ministra me foge agora, mas é impressionante pensar que 95% daqueles jovens não faz graduação em letras, há um monte de gente das ciências biológicas, e mesmo assim eles estão ali me lendo, lendo Daniel Galera, Elvira Vigna, Vanessa Bárbara, Carola Saavedra, Adriana Lisboa, discutindo mil e um aspectos do Brasil, vendo o Zé traçar um mapa no quadro e fazer comentários simpáticos sobre Recife, sua

cidade natal, explicar para eles a "relação" entre caubóis e gaúchos, enfim, o Zé diz que esse é um curso para "complexificar o Brasil". Melhor definição possível (2014, s/p).

A ideia de "complexificar o Brasil", que Bensimon resgata de José Luiz Passos, reafirma a aposta no presente da literatura brasileira, uma vez que a lista de escritores que ela menciona são contemporâneos seus e estão em plena produção.

Já nos anos 1980, Flora Süssekind havia detectado o protagonismo crescente das editoras, e o fato de que os escritores pudessem começar a viver de sua produção escrita, que inclui, além da escrita de ficção, a escrita de colunas em diversos jornais – na *Folha de S. Paulo*, colaboram os jovens Michel Laub, Antonio Prata, Daniel Pellizzari, Fabrício Corsaletti, João Paulo Cuenca –, palestras em feiras de livros, universidades nacionais e estrangeiras, estadias como escritor convidado em fundações ou universidades estrangeiras – João Gilberto Noll em Berkeley ou Bellagio, Antonio Prata em Viena –, entre outras formas de obter rendimentos. Um aspecto que Süssekind destaca em seu artigo "Agora sou professional" é que o diálogo já não é entre escritores "ou com um leitor cúmplice", mas com "um público de traços mais indefinidos, anônimos, e passíveis de registro unicamente pelos índices de vendagem" (op. cit, p. 88). Embora seja indefinido, nem sempre é anônimo, considerando-se os vários e fragmentados públicos com que o escritor do presente deve se deparar: o público das feiras, dos simpósios ou os estudantes universitários de áreas diversas dos quais Carol Bensimon fala. Em termos de *máscara*, o jovem escritor deve desenvolver então um pacote de discursos que combine saberes literários e uma linguagem mais simples ou mais sofisticada, além de uma pose de neutralidade e normalidade que irá modulando em cada ocasião.

A empresarialização do jovem escritor brasileiro, mais do que produzir uma crescente especialização, traduz-se em *máscara* e *pose* desmistificadoras, o que equipara a escrita ao trabalho; escreve-se sem sofrimento, sem manifestos, explica-se simplesmente e sem rodeios o método de composição, simplesmente se escreve. E se vive da mesma maneira que se escreve. Por isso, dizíamos anteriormente que a *pose* parece ser a de não ter *pose*. A *pose* de não ter *pose* consiste na proximidade que o escritor busca estabelecer com seus leitores e ouvintes, que se constitui em um modo não estridente de se apresentar. Sem lugar para grandes gestos, sem mártires, cínicos ou românticos, desfazer-se do enigma do escritor modernista parece ser a performance do presente.

A esfinge faceira

> Onde queres família, sou maluco
> E onde queres romântico, burguês
> Onde queres Leblon, sou Pernambuco
>
> Caetano Veloso, "O quereres"

A fotografia em Clarice Lispector permite entrar por um caminho lateral para pensar a construção de uma *máscara* e uma *pose* articuladas em torno do mistério. Em *A paixão segundo G. H.*, a protagonista, diante de uma foto de si mesma, afirma o seguinte:

> Olhava de relance o rosto fotografado e, por um segundo, naquele rosto inexpressivo o mundo me olhava de volta também inexpressivo. Esse – apenas esse – foi o meu maior contato comigo mesma? O maior aprofundamento mudo a que cheguei, minha ligação mais cega e direta com o mundo (1979b, p. 21).

No início de *A hora da estrela*, o narrador escreve: "Juro que este livro é feito sem palavras. É uma fotografia muda. Este livro é um silêncio. Este livro é uma pergunta" (1979a, p. 26). Clarice mostra-se interessada no que um rosto fotografado pode abrigar, pois encontra aí uma parte incomensurável da existência.[14] Em sua literatura, o incomensurável aparece desde o começo, com a citação de Joyce que dá título a seu primeiro romance, *Perto do coração selvagem*, ou em um relato inicial, mas publicado apenas nos anos 1970, *A bela e a fera*, no qual a figura da "ferida" assume o lugar do que não pode ser medido ou domesticado. O *neutro*, a *biose*, o *instante já*, o *sopro* e o *vazio* foram outras tantas figuras através das quais Clarice buscou tornar presente o que a protagonista de *A paixão...* percebia em seus olhos fotografados. Para continuar abordando a fotografia, pensemos, por exemplo, na foto que Claudia Andujar tirou para a revista *Claudia*,[15] na qual Clarice aparece sentada em um sofá com sua clássica máquina de escrever no colo, e no relato que a fotógrafa nos oferece:

> Fui à casa de Clarice Lispector para fotografá-la a pedido da revista *Claudia*, que naquele ano de 1961 preparava uma reportagem sobre a escritora. Pouco me lembro da-

> quele dia perdido no tempo, mas há detalhes que guardo
> para sempre. Ninguém da revista me acompanhava e fui
> recebida com muita simpatia por aquela mulher linda,
> vestida com simplicidade e elegância. Conversamos pou-
> co. Quis deixá-la à vontade para a foto e perguntei como
> gostaria de se posicionar. Se não me engano, a ideia de
> sentar diante da máquina de escrever e começar a traba-
> lhar em algum texto foi de Clarice. E então ela se deixou
> absorver pelo ato de escrever, completamente entregue,
> sem quase notar minha presença.[16]

Uma Clarice escritora com sua máquina de escrever, ou seja, a imagem de uma escritora cujos olhos, provavelmente pousados sobre as teclas, parecem, entretanto, fechados. Uma Clarice inspirada, um pouco distante da objetiva da câmara, atrás das almofadas do sofá que ocupam, embora lateralmente, o primeiro plano. Em resumo, um local pouco usual para uma escritora, ou uma escritora fora do lugar. As imagens de Clarice são abundantes. Desde muito jovem, adivinha-se seu gosto por posar. Algumas dessas fotos, nas quais seu rosto aparece em primeiro plano e seu olhar observa a objetiva da câmara, trazem, além do dado de sua beleza, um ríctus e um olhar perturbador que nos recorda a reflexão da protagonista de *A paixão segundo*

G. H. Pensatividade, diria Roland Barthes; faceirice, acrescentamos.[17]

No caldeirão do mistério, Clarice surge precocemente, com sua estreia como escritora, e os materiais com os quais alimentava-se foram variados ao longo de sua vida. Temos a jovem que mente sua idade e impressiona a crítica com seu primeiro romance, a qual chegou a suspeitar que se tratava de um pseudônimo;[18] mas também as epifanias vazias que os personagens de seus relatos experimentam, o escândalo da barata, a reticência para se referir às suas leituras, apesar da profusão de citações e referências literárias que se encontram em seus textos. Entretanto, a partir de seu retorno ao Brasil em 1959, após longos anos de ausência, a estratégia do mistério atinge um grau de condensação tal que, até hoje, após quase quarenta anos de sua morte, ainda continua nos dando chaves de interpretação. Fotogenia extrema, colunas de beleza feminina assinadas com diversos pseudônimos[19] e a publicação, em um período de apenas quatro anos, de quatro livros inéditos, que tiveram o reconhecimento do público e da crítica, e a reedição de seus três primeiros livros, impossíveis de obter em suas primeiras edições. Consolidou-se, durante a década de 1960, uma figura prismática de eficácia extraordinária, cujos diversos lados pareciam potencializar-se com a energia do mistério. Pensatividade e faceirice constituíram a bem-sucedida performance que Clarice realizou no cenário de uma indústria cultural crescente.

Em 1967, ela começou a escrever suas crônicas semanais no *Jornal do Brasil*. Esses textos foram um lugar privilegiado para a performance do mistério. Para além de suas justificativas econômicas, a decisão de escrever crônicas ocorreu em um momento-chave de sua carreira como escritora. As crônicas constituíram seu dispositivo de mistura, a consolidação definitiva de um campo experimental em constante gestação desde o início de sua vida de escritora. Suas colunas foram uma "câmara" de vozes, estilhaços discursivos que recuperavam e retrabalhavam todos os seus registros, os que havia realizado sob encomenda e os que pertenciam à sua figura de escritora já consagrada, os do domínio da pensatividade e os do domínio da faceirice. Sendo assim, podia aparecer tanto uma referência a alguma leitura de Henri Bergson em francês, quanto uma receita de cozinha que sua empregada doméstica havia lhe dado, um comentário sobre Bach e outro sobre um delineador de olhos. Com a fusão de ambos, construiu um tipo de textualidade que atravessou todas as suas ficções posteriores ao livro *A paixão segundo G. H.* O que se percebe é algo como uma espécie de "destruição" de todo monumento literário, de destruição de todo "mito nobre" da literatura. A figura pública que Clarice termina de modelar ali constitui tanto um protocolo de leitura de seus romances, inclusive com efeitos retrospectivos, quanto a disposição para obter a liberdade de dizer qualquer coisa. Máscara definitiva e fonte de sua estranheza. A biose de *Água viva*, junto com a descrição das flores, a experiência do amor em *Uma aprendizagem ou O livro dos prazeres* e o olhar do cão Ulisses. A grandiloquência kitsch junto com a frase penetrante e abismal. A monumental biografia de Benjamin Moser sobre Clarice tem sua introdução intitulada "A esfinge". Referindo-se à sua passagem pelo Egito, em uma tortuosa viagem com seu marido diplomata rumo à Itália, Moser recupera uma recordação de viagem de Clarice, ao deparar com a Esfinge: "'Não a decifrei', escreveu a orgulhosa e bela Clarice. 'Mas ela também não me decifrou'" (MOSER, op. cit, p. 12).[20]

Persiste certa ideia de algo indecifrável em Clarice, mas onde buscá-lo? Em seus textos? Em sua vida? Em suas imagens? O indecifrável, ou seja, sua *máscara* e sua *pose*, surge em primeiro lugar como resultado do desconcerto: quem era essa juveníssima escritora que irrompeu nos anos 1940 com seu deslumbrante *Perto do coração selvagem*? Do rumor: quem é essa escritora que escreve conselhos de beleza e relatos perfeitos? E da suspeita: terá sido verdade que seu adorado Lúcio Cardoso sugeriu a ela o título de seu primeiro romance ou Clarice havia lido secretamente os romances, não só de James Joyce, mas também de Virginia Woolf? Em suas fotos e suas crônicas, a performance da esfinge faceira não faz outra coisa senão nos provocar uma pergunta: Clarice é ou se faz?

Os irascíveis

Embora no presente pareça um estado afetivo em extinção, durante muito tempo a *ira* constituiu uma *máscara* e uma *pose* recorrentes em artistas, escritores e intelectuais. Foi a *pose* que se apresentava como ausência de *pose* e a *máscara* que dizia não ser *máscara*: o transbordamento, o desenfreio, o sujeito fora de si que parecia abandonar toda estratégia. Enquanto paixão, se pretendeu alheia ao cálculo da razão, sobrepondo-se a seus limites sem avaliar as consequências de atitudes e discursos. Entretanto, e diversamente da clássica distinção platônica entre razão e paixão, *cair* na ira não significa nem loucura nem desvario. Como mostrou Remo Bodei, em *Geometría de las pasiones*, "razão e paixões são, pois, termos pré-julgados, que é necessário habituar-se a considerar como noções correlativas e não óbvias, que se definem reciprocamente somente dentro de determinados horizontes conceituais e de parâmetros valorativos específicos" (1995, p. 9). A ira é então um transbordamento, mas não é alheia ao cálculo. Dispositivo extremo e intempestivo, busca produzir redefinições estéticas, culturais e políticas. Seja como performance do corpo do escritor ou do artista, exibe o que não se pode dizer sem sair de si, produzindo, paradoxalmente, um efeito de sinceridade; seja como busca calculada de reação do público, para confrontá-lo com aquilo que não quer ouvir ou ler. A *máscara* da ira aparece quando o artista se desmascara ou desmascara os outros.

A história cultural brasileira tem períodos nos quais a *máscara* e a *pose* da ira emergem com mais frequência. Os anos 1930 e 1940 foram alguns deles. A crise política e econômica intensificou as posições de muitos dos artistas que haviam participado do Modernismo, e a própria dinâmica do campo cultural foi estabelecendo diferenças entre eles, os quais, em muitos casos, quando a ironia ou o deboche pareciam insuficientes, apelavam para a *máscara* da ira, buscando advertir que a coisa era séria. O prefácio que Oswald de Andrade escreveu para seu romance *Serafim Ponte Grande*, publicado em 1933, é um exercício de ira de um artista que ataca sua própria trajetória a partir de uma nova posição marxista, ao considerar que havia sido um servidor da burguesia, e ao definir o Brasil como uma colônia. Da colônia brasileira de Oswald de Andrade em 1933 ao caráter destrutivo do Modernismo proposto por esta outra máscara irascível que foi a conferência de Mário de Andrade em 1942, do "palhaço da burguesia" de Oswald ao "individualismo entorpecente" que Mário relata, apresentou-se uma linha alternativa de leitura do Modernismo, que buscava mostrar seus limites e desvincular-se de uma visão eufórica do movimento (2002b, pp. 253-280). A *máscara* da ira sempre enuncia uma releitura violenta de uma situação determinada e costuma redefinir a posição do próprio participante na conjuntura que descreve. Seu discurso, no Brasil, costuma recuperar o atraso como carência, ideologema que surge no país no início do século XX, conjuntamente com o da "carência como oportunidade".[21]

Em outro período de fortes vaivéns políticos, a ira se expande como *pose* social, desde as manifestações da esquerda até as marchas da direita de "Deus, Pátria e Família". Como *máscara*, atravessa manifestos, como "Brasil diarreia" (1967) de Hélio Oiticica, ou o discurso que Caetano Veloso insere em sua apresentação ao vivo de "É proibido proibir" (1968). Glauber Rocha transforma-se em um irascível profissional nesses anos; desde sua *Estética da fome* até o final de sua vida, suas intervenções irascíveis abalaram posições estéticas e políticas cristalizadas.

Em ambos os períodos, como contrapartida complementar, observa-se a *gestão* da ira dos outros. O escritor ou o artista já não é vítima (simulada ou verdadeira) de suas paixões, mas sim calcula os efeitos (e afetos) em seus receptores para que enfrentem aquilo que os comove ou os faz mergulhar em si mesmos. O efeito é mais poderoso quando o *performer* se mostra imperturbável ou com bons modos. Um caso notório nos anos 1930 foi a citada Experiência nº 2 de Flávio de Carvalho realizada em 1930. Nesse mesmo ano, das páginas de *O Homem do Povo*, Oswald de Andrade conseguiu despertar a ira dos estudantes de Direito, que quiseram empastelar a sede do jornal em duas ocasiões. Nos anos 1960, Cacilda Becker e outros atores da peça *Roda viva*, dirigida por José Celso Martinez Corrêa, foram brutalmente agredidos por esquadrões paramilitares. Zé Celso, com *O Rei da Vela*, um ano antes, em 1967, já havia conseguido, sessão após sessão, provocar a ira de uma parte do público presente, que abandonava o teatro indignada e aos gritos.

Nos últimos anos, é difícil encontrar na cultura brasileira momentos de ira.[22] Em 2013, entretanto, com o prenúncio da Copa do Mundo no Brasil, as palavras de Luiz Ruffato no discurso de abertura da Feira de Frankfurt – na qual o Brasil era o país homenageado – pareciam anunciar uma nova performance da ira, talvez em sintonia com as manifestações de rua então recentes, ainda frescas na memória dos brasileiros: "O que significa ser escritor num país situado na periferia do mundo, um lugar onde o termo capitalismo selvagem definitivamente não é uma metáfora?"[23] Em um daqueles palanques mais parecidos com um fórum empresarial ou uma reunião das Nações Unidas, Ruffato subiu no palco com um sóbrio terno azul, gravata vermelha com estampas brancas e óculos. Tinha a aparência de um político ou de um empresário, não fosse pelo fato de que o botão da camisa estava aberto e o nó da gravata denotava inabilidade ou falta de costume. O tom da leitura foi o de uma palestra que se poderia ouvir em um congresso de literatura e o que dizia era algo que nesses âmbitos é moeda corrente. Entretanto, o evento – no qual muitos pensavam que se apresentava a imagem do Brasil para o mundo – transformou suas palavras em material altamente inflamável. O conteúdo do discurso denunciou o genocídio da população indígena, desmentiu a democracia racial brasileira, entre outros tantos enunciados desmistificadores da história do país. Provocou em vários dos presentes um fervoroso aplauso, mas também críticas indignadas. O cartunista Ziraldo exortou os presentes a não aplaudi-lo e sugeriu que Ruffato fosse viver em outro país, já que estava tão descontente. A romancista Nélida Piñon declarou que ela tinha por princípio não criticar o Brasil fora do Brasil. O jornalista Kiko Nogueira definiu Ruffato como o *easter egg* da delegação brasileira, ou seja, o elemento surpresa, escondido, enquanto Rodrigo Constantino, colunista da revista *Veja,* afirmou que, diante do discurso de Ruffato, Nelson Rodrigues vomitaria de pé. O Instituto Plinio Corrêa de Oliveira (IPCO), que participou da feira, declarou que "conservou consternado silêncio após um dos discursos de abertura dessa magna exposição pronunciado pelo escritor Luiz Ruffato", e o definiu como "lamentável". Segundo conta o próprio Ruffato, o público brasileiro presente na feira chegou a abordá-lo de forma ameaçadora nos dias seguintes. Como piada, dizia-se que o escritor havia pedido asilo no estande da Suíça. O que essas reações iradas que a performance de Ruffato provocou nos dizem? Fizeram vir à tona a persistência do nacionalismo mal compreendido, da hipocrisia cultural, do pressuposto de que a literatura – sobretudo quando se vai em missão oficial – deve renunciar à atitude crítica.

A polêmica gerada deixou de lado boa parte do discurso. Em uma intervenção de quase doze minutos, Ruffato introduziu o "mas" no sétimo minuto. Nesse momento, a cena se transformou. A partir daí, a ira de Ruffato restabeleceu uma linha de progresso orientada para o futuro que ele fez nascer na restauração democrática de 1984. Foram destacadas as conquistas sociais, a redução da pobreza e foi enumerada uma agenda social, cultural e política. A estrutura da intervenção teve alguma semelhança com a de Mário de Andrade de 1942, que no final também propunha um momento construtivo. Nesses casos, o discurso irascível assume a *pose* do intelectual público que diagnostica e propõe.

Para aqueles que a administram como *demiurgos* para provocá-la no público, e para os que a assumem como *possessos* no corpo e nas palavras, a ira é um afeto que cumpre variados propósitos: pôr em crise o laço social, produzir antagonismos onde se pensava que havia comunidade, romper pactos explícitos ou implícitos. A *máscara* e a *pose* irascíveis, que quase sempre excedem o debate ou a polêmica puramente artística, redistribuem posições quando são efetivas e são capazes de ressituar o artista na cena pública. Nesse sentido, a ira é a performance que funda um espaço no qual corpos e vozes se apresentam como verdadeiros e inesperados.

NOTAS

1. Ver Michel Foucault. *O que é um autor?* 1992.
2. Antonio Candido propôs a *máscara* como categoria para pensar em alguns poetas do romantismo brasileiro. Desfilavam por sua análise Junqueira Freire, Álvares de Azevedo, Fagundes Varela e Laurindo Rabelo – que depois foi lido por esta outra *máscara* chamada Glauco Mattoso. Perversidade e bonomia, melancolia e ingenuidade formavam pares contraditórios que atravessavam a poética e a vida literária daqueles românticos: "Vivem no espírito e na carne um dos postulados fundamentais do movimento – a volúpia dos opostos, a filosofia do belo-horrível" (1993b, p. 133). A *máscara* funcionava aqui como um

dispositivo existencial, uma espécie de subjetivação poética que parecia permitir um tipo de experiência contraditória.

O conceito de *pose* foi trabalhado por Silvia Molloy em "Políticas de la pose". Nesse texto, com base em uma série de reflexões em torno da figura de Oscar Wilde, a autora propõe que a *pose* "remete a um histrionismo, a um esbanjamento e a um amaneiramento tradicionalmente atribuídos pelo masculino, ou por um masculino problematizado" (2012, p. 47). Desse modo, pelo menos durante o Modernismo latino-americano, a *pose* problematizava o gênero e propunha novos modelos de identificação "baseados no reconhecimento de um desejo, mais do que em pactos culturais" (ibidem).

3. Paulo Leminski escreveu quatro biografias: *Bashô* (1983), *Jesus* (1984), *Cruz e Sousa* (1985) e *Trotsky* (1986). Foram reunidas em *Vida* (2013).

4. A biografia de Toninho Vaz dá conta do cuidadoso modo de divulgação adotado por Leminski para lançar seu primeiro romance, *Catatau* (1975). Ver *O bandido que sabia latim*. Rio de Janeiro; São Paulo: Record, 2001.

5. Poucos meses depois de sua morte, foi organizado o primeiro festival dedicado à sua figura, o *Projeto Perhappiness*, que ainda é realizado.

6. Ver Mario Cámara. *Corpos pagãos: usos e figurações na cultura brasileira (1960-1980)* (2014).

7. Sobre a obra de João do Rio, ver Raúl Antelo. *João do Rio. O dândi e a especulação* (1989).

8. *Amores expressos* não foi a primeira coleção organizada a partir da encomenda de textos a escritores. A editora Moderna lançou, em 2007, a coleção *Primeira pessoa* e convocou para constituí-la uma série de escritores, entre eles Luiz Ruffato. E ainda antes, em 2000, a Companhia das Letras havia lançado sua coleção *Literatura ou morte*. A ideia da coleção era que os escritores convidados narrassem uma história policial que tivesse como protagonista um escritor consagrado. Ruy

Castro escreveu sobre Olavo Bilac; Luis Fernando Verissimo sobre Jorge Luis Borges; Moacyr Scliar sobre Franz Kafka; Bernardo Carvalho sobre Sade; Leandro Konder sobre Rimbaud e Alberto Manguel sobre Stevenson.

9. Em *Amores expressos*, participaram os seguintes escritores: Amilcar Bettega Barbosa (foi enviado a Istambul e publicou *Barreira*, em 2013), Daniel Galera (foi enviado a Buenos Aires e publicou *Cordilheira*, em 2008), Daniel Pellizzari (foi enviado a Dublin e publicou *Digam a Satã que o recado foi entendido*, em 2013), Joca Reiners Terron (foi enviado ao Cairo e publicou *Do fundo do poço se vê a lua*, em 2010), Luiz Ruffato (foi enviado a Lisboa e publicou *Estive em Lisboa e lembrei de você*, em 2009), Bernardo Carvalho (foi enviado a São Petersburgo e escreveu *O filho da mãe*, em 2009), Paulo Scott (foi enviado a Sydney e publicou *Ithaca Road*, em 2013), Sergio Sant'Anna (foi enviado a Praga e publicou *Livro de Praga*, em 2011), Chico Mattoso (foi enviado a Havana e publicou *Nunca vai embora*, em 2011), João Paulo Cuenca (foi enviado a Tóquio e publicou *O único final feliz para uma história de amor é um acidente*, em 2010), Cecilia Gianetti (foi enviada a Berlim, mas seu romance foi rejeitado pela editora em duas ocasiões), André de Leones (foi enviado de Goiás a São Paulo; seu romance *Como desaparecer completamente* foi rejeitado pela editora e publicado pela Rocco, em 2010), Antonio Prata (enviado a Xangai), Reinaldo Moraes (ao México), Lourenço Mutarelli (a Nova York), Antonia Pellegrino (a Bombaim) e Adriana Lisboa (a Paris). Os últimos cinco autores ainda não publicaram seus romances.

10. Nascido aproximadamente em 1994, o primeiro blogueiro reconhecido pela história foi Justin Hall, que escreveu um diário pessoal enquanto era estudante na Universidade de Swarthmore. Apenas onze anos depois, em 2005, já havia mais de 50 milhões de blogs hospedados na web.

11. O programa *Big Brother* começou a ser transmitido no Brasil em 2002; em 2007, teve uma audiência média de 43 pontos.

12. Ver: http://blogdoluizruffato.blogspot.com.br.

13. Chamamos *cosmopolitismo periférico* às estratégias da cultura latino-americana para se vincular às culturas metropolitanas, principalmente europeias, em uma relação de diálogo, conflito e disputa. *Cosmopolitismo limítrofe*, em compensação, é a relação com outras culturas sem passar pelas metrópoles tradicionais. Para ver esses conceitos, pode-se consultar Gonzalo Aguilar. *Oriente grau zero:* Happy together *de Wong Kar-Wai* (2009). Um exemplo de *cosmopolitismo limítrofe* no século XX foi Raul Bopp, que é justamente o protagonista de *Opisanie swiata*, de Verônica Stigger (2013).

14. Clarice Lispector publicou esta breve crônica (originalmente em *Comício*, Rio de Janeiro, 11 de junho de 1960; reproduzida em *Correio feminino*) sobre a arte de tirar fotografias: "Dia de tirar retrato, para quem não está habituada, é coisa séria. O problema é: como sair no retrato com um ar reconhecível, um ar de você mesma, mas o melhor de você mesma?" (2006, p. 27)

15. A foto de Andujar foi a que a editora CosacNaify utilizou ao editar a biografia de autoria de Benjamin Moser. A editora Rocco, nas últimas reedições da obra de Clarice, decidiu transformar essa máquina de escrever no logotipo da autora. As edições dos textos de Clarice na Espanha, Argentina e recentemente nos Estados Unidos optaram, em compensação, por colocar seu rosto em suas capas.

16. O relato de Claudia Andujar encontrava-se no site da extinta editora CosacNaify.

17. Em *A câmara clara*, Roland Barthes afirma que alguns olhares capturados pelo dispositivo fotográfico apresentam uma "distorção inconcebível", a de uma atenção sem percepção, ou seja, sem objeto. Sobre essa dimensão, que Barthes definiu como a pensatividade da imagem,

advertia: "Tal seria o 'destino' da fotografia: ao me fazer crer [...] que encontrei a 'verdadeira fotografia total', ela realiza a confusão inaudita da realidade (*'Isso foi'*) e da verdade (*'É isso!'*); ela se torna ao mesmo tempo causativa e exclamativa; ela leva a efígie a esse ponto louco em que o afeto (o amor, a compaixão, o luto, o ardor, o desejo) é fiador do ser" (1984, pp. 167-168).

18. Sérgio Milliet, que também celebrou a publicação do primeiro romance, suspeitava que o nome Clarice Lispector era um pseudônimo (MOSER, 2009, p. 195).

19. Os pseudônimos de Clarice: Tereza Quadros, Helen Palmer e como *ghost writer* da atriz Ilka Soares. Clarice adotou Tereza Quadros ao aceitar o convite de Rubem Braga para assinar a página feminina "Entre mulheres", do jornal *Comício*, entre maio e outubro de 1952, e muitos sabiam de seu pseudônimo. Como Helen Palmer, escreveu, entre agosto de 1959 e fevereiro de 1961, para o jornal *Correio da Manhã*. Foi *ghost writer* de Ilka Soares na coluna "Só para mulheres", do *Diário da Noite*, a partir de abril de 1960.

20. Clarice refere-se à Grande Esfinge de Gizé.

21. Não confundir "polêmica" com "ira". A primeira requer, além da ira, o sarcasmo e a ironia, tal como mostra Jorge Luis Borges em "Arte de injuriar": "Numa discussão teológica ou literária, lançaram um copo de vinho ao rosto de um cavalheiro. O agredido não se alterou e disse ao ofensor: 'Isto, senhor, é uma digressão; aguardo seu argumento'" (1998, vol. I, p. 468).

22. Nos últimos tempos, a crítica Flora Süssekind vem multiplicando suas performances irascíveis, tanto na imprensa jornalística (recorde-se de sua intervenção a propósito da figura do crítico Wilson Martins) quanto em suas conferências ou entrevistas. Em sua apresentação nas Jornadas Literárias do Instituto Itaú Cultural, Flora se atreveu a afirmar que a cultura era manipulada pelas fundações e que todo o debate

cultural se desenvolvia em ambientes com muito conforto, "se pode tomar um chá e tal"; no final se perguntou, e perguntou ao público, "ninguém acha estranho que os novos museus do Rio de Janeiro tenham sido todos construídos pela Fundação Roberto Marinho?". A entrevista completa, da qual também participa Eduardo Sterzi, pode ser vista em: https://www.youtube.com/watch?v=9iScrgqlzIg.

23. Disponível em: http://www1.folha.uol.com.br/ilustrada/2013/10/1353517-escritor-luiz-ruffato-diz-em-frankfurt-que-brasil-e-pais-da-impunidade-e-intolerancia.shtml.

Bibliografia

AGAMBEN, Giorgio. *O aberto. O homem e o animal*. Rio de Janeiro: Civilização Brasileira, 2013 (Trad. de Pedro Mendes).

_____. *Lo que queda de Auschwitz: el archivo y el testigo. Homo sacer III*. Valência: Pre-Textos, 2000.

AGUILAR, Gonzalo. *Oriente grau zero: Happy together de Wong Kar Wai*. Rio de Janeiro: Fórum de Ciência e Cultura/UFRJ, 2009.

_____. *Poesia concreta brasileira: as vanguardas na encruzilhada modernista*. São Paulo: Edusp, 2005.

AMADO, Jorge. *Navegação de cabotagem*. Rio de Janeiro: Record, 1992.

ANDRADE, Mário de. *Macunaíma, o herói sem nenhum caráter*. São Paulo: Círculo do Livro, 2002.

_____. "O movimento modernista." In: _____. *Aspectos da literatura brasileira*. 6ª ed. Belo Horizonte: Itatiaia, 2002, pp. 253-280.

ANDRADE, Oswald de. *A utopia antropofágica*. São Paulo: Globo, 2011.

_____. *Pau Brasil*. São Paulo: Globo, 2010.

_____. *O santeiro do Mangue e outros poemas*. São Paulo: Globo; Secretaria de Estado da Cultura, 1991.

_____. *Serafim Ponte Grande*. São Paulo: Globo, 1990.

ANTELO, Raúl. *João do Rio. O dândi e a especulação*. Rio de Janeiro: Livrarias Taurus-Timbre Editores, 1989.

ANTUNES, Arnaldo. Interfaces da linguagem poética. In: SALOMÃO, Waly. *Babilaques: alguns cristais crivados*. Rio de Janeiro: Contracapa; Oi Futuro, 2007.

_____. *Doble Duplo*. Barcelona: Zona de Obras; Tangará, 2000.

_____. *2 ou + corpos no mesmo espaço*. São Paulo: Perspectiva, 1998.

_____. *Nome*. São Paulo: s. e., 1993. Livro e VHS.

_____. *Tudos*. São Paulo: Iluminuras, 1993b.

BANDEIRA, Manuel. *Itinerário de Pasárgada*. São Paulo: Global, 2012.

_____. *Carnaval*. Rio de Janeiro: Nova Fronteira, 1986.

BARTHES, Roland. *El susurro del lenguaje: más allá de la palabra y la escritura*. Barcelona: Paidós, 2009.

_____. *El placer del texto y Lección inaugural*. México: Siglo XXI, 1998.

_____. *A câmara clara*. Rio de Janeiro: Nova Fronteira, 1984.

BENSIMON, Carol. Arizona uma vez mais. In: Blog da Companhia. Novembro de 2014. Disponível em: http://www.blogdacompanhia.com.br/2014/11/arizona-uma-vez-mais.

BODEI, Remo. *Geometría de las pasiones. Miedo esperanza, felicidad: filosofía y uso político*. México: Fondo de Cultura Económica, 1995.

BORGES, Jorge Luis. *Obras completas*, v. I. São Paulo: Globo, 1998.

BOURDIEU, Pierre. *Meditaciones pascalianas*. Barcelona: Anagrama, 1999.

BULLRICH, Francisco. Ciudades creadas en el siglo XX: Brasilia. In: Roberto Segre (Relator). *América Latina en su arquitectura*. Cidade do México: Siglo XXI; Unesco, 1972.

BURBANO, Andrés (Org.). *Eduardo Kac, el creador de seres imposibles*. Caldas: Universidad de Caldas, 2010.

BUTTERMAN, Steven. *Perversions on parade: Brazilian literature of transgression and postmodern anti-aesthetics in Glauco Mattoso*. San Diego: Hyperbole Books, 2005.

CAILLOIS, Roger. *La roca de Sísifo*. Buenos Aires: Sudamericana, 1942.

CÁMARA, Mario. *Corpos pagãos: figurações, usos e efeitos do corpo na literatura brasileira (1960-1980)*. Belo Horizonte: UFMG, 2014.

CAMARGOS, Marcia. *Villa Kyrial: crônica da Belle Époque paulistana*. São Paulo: Editora Senac, 2001.

CAMINHA, Pero Vaz de. A Carta de Pero Vaz de Caminha. Disponível em: http://objdigital.bn.br/Acervo_Digital/Livros_eletronicos/carta.pdf.

CAMPOS, Augusto de; CAMPOS, Haroldo de; PIGNATARI, Décio. *Teoria da poesia concreta: textos críticos e manifestos, 1950-1960*. Cotia: Ateliê Editorial, 2006.

CAMPOS, Haroldo de. Arte pobre, tempo de pobreza, poesia menos. In: Roberto Schwarz (Org.). *Os pobres na literatura brasileira*. São Paulo: Brasiliense, 1983.

_____. *Éden: um tríptico bíblico*. São Paulo: Perspectiva, 2004.

CANDIDO, Antonio. *Literatura e sociedade*. Rio de Janeiro: Ouro sobre Azul, 2006.

_____. *O discurso e a cidade*. São Paulo: Duas Cidades, 1993.

_____. *Formação da literatura brasileira: momentos decisivos*. Belo Horizonte; Rio de Janeiro: Editora Itatiaia Limitada, 1993b.

_____. *A educação pela noite & outros ensaios*. São Paulo: Ática, 1989.

CARVALHO, Flávio de. A cidade do homem nu (1930). Disponível em: http://urbania4.org/2012/03/03/a-cidade-do-homem-nu/.

_____. *A moda e o novo homem*. Rio de Janeiro: Azougue, 2010.

_____. *Experiência nº 2, realizada sobre uma procissão de Corpus Christi: uma possível teoria e uma experiência*. Rio de Janeiro: Nau, 2001.

_____. *A origem animal de Deus*. São Paulo: Difusão Europeia do Livro, 1973.

CERTEAU, Michel de. *L'invention du quotidien: 1. arts de faire*. Paris: Gallimard, 1980.

CHACAL. *Muito prazer*. Rio de Janeiro: 7 Letras, 1997.

COELHO, Frederico. *Eu brasileiro confesso minha culpa e meu pecado: cultura marginal no Brasil das décadas de 1960 e 1970*. Rio de Janeiro: Civilização Brasileira, 2010.

COHN, Sérgio (Org.). *Nuvem Cigana. Poesia & delírio no Rio dos anos 70*. Rio de Janeiro: Azougue Editorial, 2007.

COZER, Raquel. O romance brasileiro na era do marketing. In: *Folha de S. Paulo*, Ilustríssima, 23 out. 2011.

CUENCA, João Paulo. *O único final feliz para uma história de amor é um acidente*. São Paulo: Companhia das Letras, 2010.

DAMATTA, Roberto. *Carnavais, malandros e heróis*. Rio de Janeiro: Rocco, 1997.

_____. *Universo do Carnaval: imagens e reflexões*. Rio de Janeiro: Pinakotheke, 1981.

DELEUZE, Gilles. *Proust e os signos*. Rio de Janeiro: Forense Universitária, 2003.

_____. *La imagen-tiempo: estudios sobre cine 2*. Barcelona: Paidós, 1987.

_____; GUATTARI, Félix. *Mil mesetas*. Valência: Pre-Textos, 2004.

_____. *¿Qué es la filosofía?* Barcelona: Anagrama, 1995.

DENNISON, Stephanie. A Carioca *Belle de Jour: A dama do lotação* and Brazilian Sexuality. In: *The Journal of Cinema and Media*, v. 44, n. 1, Latin American Film and Media, primavera de 2003, pp. 84-92.

DERRIDA, Jacques. *Gramatologia*. São Paulo: Perspectiva, 1973.

DI LEONE, Luciana. *As tramas da consagração*. Rio de Janeiro: 7 Letras, 2008.

FOSTER, Hal. *Belleza compulsiva*. Buenos Aires: Adriana Hidalgo, 2008.

FOUCAULT, Michel. *El cuerpo utópico: las heterotopías*. Buenos Aires: Nueva Visión, 2010.

_____. *O que é um autor?* Lisboa: Passagens, 1992.

_____. *Histoire de la sexualité I: La volonté de savoir*. Paris: Gallimard, 1976.

FREYRE, Gilberto. *Casa-grande & senzala*. Edição crítica de Guillermo Giucci, Enrique Rodríguez Larreta e Edson Nery da Fonseca. Poitiers: Archivos, 2002.

GABEIRA, Fernando. *O que é isso, companheiro?* São Paulo: Companhia das Letras, 1996.

_____. *Diário da crise*. Rio de Janeiro: Rocco, 1984.

_____. *Entradas e bandeiras*. Rio de Janeiro: Codecri, 1981.

GARBATZKY, Irina. *Los ochenta reciénvivos: poesía y performance en el Río de la Plata*. Rosário: Beatriz Viterbo, 2013.

GARDEL, André. Verbo viajante, palavra-corpo e *performance* poética em Arnaldo Antunes. In: Palavra, n. 4, São Paulo, 2013.

GARRAMUÑO, Florencia; AGUILAR, Gonzalo; DI LEONE, Luciana (Org.). *Experiencia, cuerpo y subjetividad: literatura brasileña contemporánea*. Rosário: Beatriz Viterbo, 2007.

GEIGER, Don. *Sound, sense, and performance of literature*. Califórnia: University of California Press, 1963.

GONÇALVES, Marcos Augusto. *1922: a Semana que não terminou*. São Paulo: Companhia das Letras, 2012.

GROYS, Boris. *Volverse público: las transformaciones del arte en el ágora contemporánea*. Buenos Aires: Caja Negra, 2014.

GUBERN, Roman. *La imagen pornográfica y otras perversiones utópicas*. Barcelona: Anagrama, 2005.

HOLLANDA, Heloisa Buarque de. *Impressões de viagem: CPC, vanguarda e desbunde*. São Paulo: Brasiliense, 1980.

JONES, Amelia. Estudio. In: WARR, Tracey (Ed.). *El cuerpo del artista*. Barcelona: Phaidon, 2006.

KAC, Eduardo; TRINDADE, Cairo Assis. *Antolorgia: arte pornô*. Rio de Janeiro: Codecri, 1984.

KLINGER, Diana. *Escritas de si, escritas do outro: o retorno do autor e a virada etnográfica*. Rio de Janeiro: 7 Letras, 2007.

LABAKI, Aimar. *José Celso Martinez Corrêa*. São Paulo: Publifolha, 2002.

LEITE, Rui Moreira. *Flávio de Carvalho: o artista total*. São Paulo: Senac, 2008.

LEMINSKI, Paulo. *Toda poesia*. São Paulo: Companhia das Letras, 2013.

_____. *Vida*. São Paulo: Companhia das Letras, 2013.

_____. *Caprichos & relaxos*. São Paulo: Brasiliense, 1984.

LISPECTOR, Clarice. *Correio feminino*. Rio de Janeiro: Rocco, 2006.

_____. *A descoberta do mundo*. Rio de Janeiro: Rocco, 1999.

_____. *A hora da estrela*. Rio de Janeiro: Rocco, 1979.

_____. *A paixão segundo G.H.* Rio de Janeiro: Rocco, 1979.

_____. *A via crucis do corpo*. Rio de Janeiro: Rocco, 1974.

MATTOSO, Glauco. *O que é poesia marginal?* Rio de Janeiro: Brasiliense, 1981.

MOLLOY, Silvia. *Poses de fin de siglo: desbordes del género en la modernidad*. Buenos Aires: Eterna Cadencia, 2012.

MORAIS, Frederico. Cronocollage: Río de Janeiro, 1965-1971. In: _____.
Río experimental: más allá del arte, el poema y la acción. Valência: Fundación Botín, 2010.

MOSER, Benjamin. *Clarice*. São Paulo: Cosac & Naify, 2009.

NOLL, João Gilberto. *Lorde*. Rio de Janeiro: Record, 2014.

NOVO, Salvador. *Viajes y ensayos*, v. 2. Cidade do México: Fondo de Cultura Económica, 1996.

O'GORMAN, Edmundo. *La invención de América*. México: Fondo de Cultura Económica, 1977.

PEDROSA, Mário. *Acadêmicos e modernos: textos escolhidos*, v. 3. São Paulo: Edusp, 1998.

PEREIRA, Carlos Alberto Messeder. *Retrato de época*. São Paulo: Brasiliense, 1981.

PRECIADO, Beatriz. *Testo yonqui: sexo, drogas y biopolítica*. Buenos Aires: Paidós, 2014.

RAMA, Ángel. *La ciudad letrada*. Montevidéu: FIAR, 1984.

RIBEIRO, Darcy. In: GIUCCI, Guillermo; LARRETA, Enrique Rodríguez; FONSECA, Edson Nery. *Casa-grande & senzala. Edição crítica*. Poitiers: Archivos, 2002.

RODRIGUES, Nelson. *A vida como ela é*. Rio de Janeiro: Nova Fronteira, 2012.

ROMERO, Sílvio. *História da literatura brasileira*. Rio de Janeiro: José Olympio, 1943.

ROSA, João Guimarães. *Grande sertão: veredas*. Rio de Janeiro: Nova Fronteira, 2001.

_____. *Estas estórias. Obras completas*. Rio de Janeiro: Nova Aguilar, 1994.

SALOMÃO, Waly. *Babilaques: alguns cristais clivados*. Rio de Janeiro: Contracapa, 2007.

SANGIRARDI JR.: Flávio 1 2 3 – louco lunático infantil. In: Exposição Flávio de Carvalho. São Paulo: Catálogo da XVII Bienal de São Paulo, out.-dez. 1983.

SARDUY, Severo. *Escrito sobre un cuerpo*. Buenos Aires: Sudamericana, 1969.

SOJA, Edward W. *Thirdspace*. Massachusetts: Blackwell, 1996.

SOLER, Isabel. Prólogo. In: CAMINHA, Pero Vaz. *Carta del descubrimiento de Brasil*. Barcelona: Acantilado, 2008.

SOUSÂNDRADE, Joaquim Pedro de. *O Guesa*. São Paulo: Demônio Negro, 2009.

STEENSTRA, Sytze. *Song and circumstance: the work of David Byrne*. Nova York: Continuum Books, 2010.

STIGGER, Verônica. *Opisanie swiata*. São Paulo: CosacNaify, 2013.

SÜSSEKIND, Flora. *Literatura e vida literária: polêmicas, diários & retratos*. Rio de Janeiro: Jorge Zahar, 1985.

____; CASTAÑON GUIMARÃES, Júlio (Org.). *Sobre Augusto de Campos*. Rio de Janeiro: 7 Letras, 2004.

TAYLOR, Diana. *Performance*. Buenos Aires: Asunto Impreso, 2012.

____; FUENTES, Marcela (Org.). *Estudios avanzados de performance*. Trad. de Ricardo Rubio, Alcira Bixio, M. Antonieta Cancino e Silvia Peláez. Cidade do México: Fondo de Cultura Económica, 2011.

TENNINA, Lucía. Saraus das periferias de São Paulo: poesia entre tragos, silêncios e aplausos. In: Estudos de Literatura Brasileira Contemporânea, n. 42, jul.-dez. 2013, pp. 11-28. Disponível em: http://www.redalyc.org/articulo.oa?id=323129312001.

TOLEDO, J. *Flávio de Carvalho: o comedor de emoções*. São Paulo: Brasiliense; Editora da Unicamp, 1994.

VALADÉS, Fray Diego. *Retórica cristiana*. Cidade do México: UNAM; Fondo de Cultura Económica, 1989.

VAZ, Toninho. *O bandido que sabia latim*. Rio de Janeiro: Record, 2001.

VIEIRA, Antonio. As cinco pedras da funda de David em cinco discursos morais (Discurso terceiro). In: _____. *Sermões*, v. XIV. Porto: Livraria Chardron, 1908.

VILAÇA, Antonio Carlos. *Prosa de Manuel Bandeira*. Rio de Janeiro: Agir, 1984.

VIVEIROS DE CASTRO, Eduardo de. *A inconstância da alma selvagem e outros ensaios de antropologia*. São Paulo: Cosac & Naify, 2002.

WILLIAMS, Linda. El acto sexual en el cine. Dossiê *La fuga*. Disponível em: http://www.lafuga.cl/el-acto-sexual-en-el-cine/266.

XAVIER, Ismail. *O olhar e a cena*. São Paulo: Cosac & Naify, 2003.

ZUMTHOR, Paul. *A letra e a voz*. São Paulo: Companhia das Letras, 2001.

PERIÓDICOS

O Homem do Povo. Coleção completa e fac-similar do jornal criado e dirigido por Oswald de Andrade e Patrícia Galvão (Pagu). São Paulo: Globo; Imprensa Oficial; Museu Lasar Segall, 2009.

Almanaque Biotônico Vitalidade, n. 1 e 2. Rio de Janeiro: Nuvem Cigana, 1976-1977.

Cine Olho (Revista de Cinema), n. 5/6. Rio de Janeiro: jun.-jul.-ago. 1979. Editores: Fernando Meirelles, Arlindo Machado e Vinicius Dantas.

Malasartes, n. 1, 2 e 3. Rio de Janeiro: 1975-1976. Editor: Mário Aratanha.

Navilouca, n. 1. Rio de Janeiro: 1975. Editor responsável: Lúcio Urubatan de Abreu. Organização e coordenação editorial: Torquato Neto e Waly Salomão.

BLOGS E SITES

http://blogdobernardocarvalho.blogspot.com.br
http://blogdaadrianalisboa.blogspot.com.br
http://blogdoamilcarbettega.blogspot.com.br
http://blogdoandredeleones.blogspot.com.br
http://blogdaantoniapellegrino.blogspot.com.br
http://blogdoantonioprata.blogspot.com.br
http://blogdaceciliagiannetti.blogspot.com.br
http://blogdochicomattoso.blogspot.com.br
http://blogdodanielgalera.blogspot.com.br
http://blogdodanielpellizzari.blogspot.com.br
http://blogdocuenca.blogspot.com.br
http://blogdojocaterron.blogspot.com.br
http://blogdolourencomutarelli.blogspot.com.br
http://blogdoluizruffato.blogspot.com.br
http://blogdopauloscott.blogspot.com.br
http://blogdoreinaldomoraes.blogspot.com.br
http://blogdosergiosantanna.blogspot.com.br
http://escritosgeograficos.blogspot.com.br

DISCOS

VELOSO, Caetano. *Tropicália*. Rio de Janeiro: Philips, 1967. 1 Cd (37'15").
VELOSO, Caetano. *Bicho*. Rio de Janeiro: Philips, 1977. 1 Cd (35'24").
GIL, Gilberto. *Gilberto Gil*. Rio de Janeiro: Philips, 1968. 1 Cd (41'09").

FILMES

A dama do lotação. Direção: Neville D'Almeida. Intérpretes: Sônia Braga, Nuno Leal Maia, Jorge Dória. Roteiro: Nelson Rodrigues e Neville D'Almeida. Música: Caetano Veloso. Rio de Janeiro: Embrafilme, 1978. 90', color. Baseado no conto homônimo de Nelson Rodrigues.

VÍDEOS DISPONÍVEIS NA INTERNET

Os Trapalhões – 1977 – *Trapaclipe – A filha da Chiquita Bacana* (Caetano Veloso). Disponível em: https://www.youtube.com/watch?v=epEoKjAZ-Bwg.

Documentário *As filhas de Chiquita*, de Priscilla Brasil. Disponível em: https://www.youtube.com/watch?v=7Cu_mt2SXBc.

La censura durante la dictadura en Brasil. Disponível em: http://www.memoriacinebr.com.br/.

Fotos da Experiência nº 4, de Flávio de Carvalho. Disponível em: http://www.ificantdance.org/Agenda/511881617b9f99ecb7000233?popups=/attachment_images/511875467b9f99399c0007a1.

Sobre os autores

Gonzalo Aguilar é Doutor em Letras pela Universidade de Buenos Aires, Professor Titular de Literatura Brasileira nessa mesma universidade e pesquisador do CONICET. Publicou *Poesia concreta brasileira: as vanguardas na encruzilhada modernista*, pela EdUSP, em 2005, *Otros mundos: ensayos sobre el nuevo cine argentino*, em 2005, traduzido para o inglês, *Más allá del pueblo (Imágenes, indicios y políticas del cine)*, em 2015, e *Hélio Oiticica, a asa branca do êxtase: arte brasileira de 1964-1980*, pela Rocco, em 2016. Foi Professor Visitante nas Universidades de Stanford, Harvard e São Paulo.

Mario Cámara é Doutor em Letras pela Universidade de Buenos Aires, Professor Adjunto de Literatura Brasileira nessa mesma universidade e pesquisador do CONICET. Publicou, entre outros, *El caso Torquato Neto, diversos modos de ser vampiro en Brasil en los años setenta* (2011, Lumen editor) e *Corpos pagãos. Usos e figurações na cultura brasileira, 1960-1980* (2014, Editora da UFMG). Desde 2003 faz parte do grupo de editores da revista *Grumo* (www.salagrumo.com). Traduziu, entre outros autores, Luiz Ruffato e Paulo Leminski. Foi Professor Visitante na Universidade de Princeton e deu cursos de pós-graduação na Espanha e no Brasil.

Impressão e Acabamento:
GRÁFICA STAMPPA LTDA.